Georg Kühlewind

Die Erneuerung des Heiligen Geistes

Georg Kühlewind

Die Erneuerung des Heiligen Geistes

Gnade, Teilhabe und geistige Aktivität

Verlag Freies Geistesleben

Neuausgabe 2021
1. Auflage (2. Gesamtauflage)

ISBN 978-3-7725-3152-1

Verlag Freies Geistesleben
Landhausstraße 82
70190 Stuttgart
www.geistesleben.com

auch als eBook erhältlich

Druck: GGP Media GmbH, Pößneck
Printed in Germany

MIX
Papier aus verantwortungsvollen Quellen
FSC® C014496

Traute und Fred Maltry
in Dankbarkeit und Freundschaft

Inhalt

Himmelsnähe 9
Das Fleisch 10
Der Logos im Seelenbereich 12
Die Wandlung des Heiligen Geistes 17
Die Ausbreitung des Heiligen Geistes 20
Die Taufe 24
Der geöffnete Himmel26 27
Geist und Leib 31
Die Erlösung des Denkens 35
Auferstehung 35
Verlassenwerden und Verheißung des Geistes 38
In der Wolke 40
Nach Himmelfahrt 42
Die Sprachen und die Sprache 44
Heilendes und pfingstliches Sprechen 46
Der neue Erkenntnisweg 50
Die Auflösung 51
Die Wandlung im Begriffsleben 53
Der Widerstand 56
Die Zeichen 59
Das Neue 61
Anfang des Weges 64
Das Herz in der Bibel 66

Die Wärme des Denkens 68
Zum erkennenden Fühlen 72
Überschuss 77
Die Wurzel des Daseins 79
Vollkommenheit 80
Seligkeit 84
Die Kräfte der Traurigkeit 85
Trost 87
Erfahrung 89
Die oberen Gefühle 90
Noch einmal: Trost 91
Adaequatio 92
Aufsteigen 94
Durchlässigkeit 97
Gesang 99
Die neue Gottheit 100
Wortwesen 101
Frage 104
Schweigende Ursprache 106
Reinigung der Himmel 107
Der unbewachte Weg
der kosmischen Intelligenz 109
Neuer Himmel, neue Erde 110

Anmerkungen 113

Nachwort – Nahe der Schwelle 123
von Andreas Neider

Himmelsnähe

«Das Reich der Himmel ist nahe herbeigekommen» – diese in jeder Zeit bestürzende Botschaft erklingt zuerst aus dem Munde Johannes des Täufers (Matth. 3,1); sie wird in der ersten Predigt des Herrn (Matth. 4,17) erneuert, um dann durch die Jünger wiederholt zu werden (Matth. 10,7). Das Reich oder Königtum (griech. *basileia*) der Himmel oder Gottes ist das Ziel, wonach das Christentum schon in seinem Geborenwerden strebt; es heißt von ihm: «Es ist nahe.» Der äußerlich Beobachtende kann jedoch diese Nähe *in der Zeit* nicht finden, weder als das Christentum geboren wurde, noch in den seither verflossenen Jahrtausenden, noch heute. Es muss die «Nähe» etwas anderes als zeitliches Bevorstehen bedeuten, ebenso wie das oft wiederholte Wort Rudolf Steiners über die Nähe oder das Überschreiten der Schwelle durch die Menschheit in unserer Zeit. Vom Reich der Himmel wird gesagt (Luk. 17,21), es sei «inwendig in euch»; das kann ein Wegweiser sein.

Die Schwierigkeit, obige Botschaft zu verstehen, liegt in der Erfahrung, dass es immer schwieriger scheint, sich den «Reichen der Himmel», den überbewussten Quellgebieten des menschlichen Bewusstseins zu nähern; der Abgrund, der das Alltagsbewusstsein von diesen Bereichen trennt, scheint immer tiefer und tiefer zu werden, und er wird darüber hinaus von den Kräften des immer stärker werdenden Unterbewussten bewohnt. Wer zum anderen Ufer des Abgrundes strebt, muss im Überqueren diesen Kräften begegnen. Es ist die gleiche, *eine* Schwelle, die den Menschen sowohl von den unterbewussten wie auch von den überbewussten Kräften abschirmt: Ob ihr Überschreiten in den Himmel oder in die Hölle führt, hängt davon ab, *wie* er sie überschreitet.

Ist das Himmelreich «nahe» und «inwendig in euch», so muss diese Nähe mit den zentralen Veränderungen zusammenhängen, die durch das Christentum in den seelisch-geistigen Strukturen der Menschen stattgefunden haben. Diese Veränderung heißt die *Fleischwerdung des Logos.*[1]

Das Fleisch

Im Ausdruck «Fleischwerdung» ist *Fleisch* natürlich nicht im heutigen gewöhnlichen Sinn zu nehmen, etwa im Sinne von «Muskeln»; es wird vielmehr in der Bibel als ein Fachausdruck gebraucht für die Gebrechlichkeit oder Schwäche der menschlichen Seele, für ihr Hängen und Haften am Leib, am Fleisch.[2] So heißt es (Matth. 26,41; Mark. 14,38): «Der Geist ist willig, das Fleisch aber ist schwach.» Paulus, im Hinblick auf das Fleisch ein Leidender und deshalb Wissender, kann schreiben (Röm. 8,1-7): «So ist nun nichts Verdammliches an denen, die in Christo Jesu sind; die nicht nach dem Fleisch wandeln, sondern nach dem Geist. Denn das Gesetz des Geistes, der da lebendig macht in Christo Jesu, hat mich frei gemacht von dem Gesetz der Sünde und des Todes. Denn was dem Gesetz unmöglich war (sintemal es durch das Fleisch geschwächt ward), das tat Gott und sandte seinen Sohn in der Gestalt des sündlichen Fleisches und der Sünde halben und verdammte die Sünde im Fleisch. Auf dass die Gerechtigkeit, vom Gesetz gefordert, in uns erfüllt würde, die wir nun nicht nach dem Fleisch wandeln, sondern nach dem Geist. Denn die da fleischlich sind, die denken die Sachen des Fleisches; die aber geistlich sind, denken die Sachen des Geistes. Denn der Gedanke des Fleisches ist der Tod, der Gedanke des Geistes ist jedoch das Leben und der Friede. Denn der Gedanke des Fleisches ist Gott feindlich, sintemal das Fleisch dem Gesetz Gottes nicht gehorcht, es auch nicht kann.»

Noch schärfer wird das «Fleisch» im Galaterbrief beschrieben (5,17-20): «Denn das Fleisch gelüstet wider den Geist und den Geist wider das Fleisch; dieselben sind widereinander, dass ihr nicht tut, was ihr wollt. Regiert euch aber der Geist, so seid ihr nicht unter dem Gesetz. Offenbar sind aber die Werke des Fleisches, als da sind Ehebruch, Hurerei, Unreinigkeit, Unzucht, Abgötterei, Zauberei, Feindschaft, Hader, Neid, Zorn, Zank, Zwietracht, Rotten, Hass, Mord, Saufen, Fressen und dergleichen ...»

Die geschilderte Bedeutung von «Fleisch» ist nicht durchgehend in der Bibel (siehe Anmerkung 2). Wie kann man wissen, ob dieses Wort an der entscheidenden Stelle, nämlich im Prolog des Johannes-Evangeliums, im gleichen Sinne gebraucht wird wie in den obigen Textbeispielen? Eine Antwort auf diese Frage gibt der 13. Vers des Prologs, in dem, gerade vor dem Höhepunkt dieses einzigartigen Textes (Vers 14: «Und der Logos ward Fleisch») von den Kindern Gottes die Rede ist, die «nicht aus dem Geblüt, nicht aus dem Willen des Fleisches, noch aus dem Willen des Mannes, sondern aus Gott geboren sind». Gerade in dieses Fleisch, aus dem die Gotteskinder nicht geboren werden können, kommt der Logos: in die Seelenschwäche des Menschen, so wie Er auch zu den Sündern, Kranken und Armen kommt und nicht zu den Reichen, Schriftgelehrten und Gesunden.[3]

So ist nun auch auf dem hiesigen Ufer des Abgrundes ein Logosfunke zu finden. Dass die Fleischwerdung in diesem Sinne verstanden wurde, wird durch Paulus bestätigt (1 Tim. 3,16): «Gott ist geoffenbart worden im Fleisch, als gerecht erwiesen im Geist …» Im Kolosserbrief heißt es (1,22): «Euch … hat er jetzt trotzdem versöhnt vermöge seines Fleischesleibes durch den Tod.»

Für Johannes ist die Anerkenntnis oder Leugnung der Fleischwerdung geradezu das Kriterium dafür, ob ein Geist von Gott oder vom Antichrist ist (1 Joh. 4,2-3): «Daran erkennt ihr den Geist Gottes: Jeder Geist, der bekennt, dass Jesus Christus im Fleisch gekommen ist, stammt von Gott; und jeglicher Geist, der da nicht bekennt, dass Jesus Christus ist in das Fleisch gekommen, der ist nicht von Gott.»

Der Logos im Seelenbereich

Dass der Logos, Gottes Wort in den Reichen der Himmel – heute würden wir sagen im Überbewussten – zu finden ist, war in allen vorchristlichen Traditionen bekannt. Mit dem Christentum ist er nun in das Seelische eingezogen, hat «sein Zelt in uns aufgeschlagen» (Joh. 1,14). Die Folgen der Tatsache, dass der Logos von da an auf beiden Ufern des Abgrundes heimisch ist, sind mannigfaltig. Vor allem ist der Mensch dadurch in die Lage gekommen *anzufangen*, er hat die Fähigkeit zum Uranfang – in dem der Logos anwesend ist (Joh. 1,1) –, ohne das Schwachseelische ablegen oder zum Stillschweigen bringen zu müssen. Das ist die Fähigkeit des Schaffens aus dem Nichts. Solcher *Anfang* ist jede wahrhaft neue menschliche Gebärde. Nicht nur Kunst- oder Gedankenwerke, sondern jede intuitive Handlung des Pädagogen oder des Arztes und ganz besonders die Gebärde des *Verzeihens* machen die Frage nach dem «warum» sinnlos und nicht zu beantworten. Kann man sie beantworten, dann handelt es sich nicht um ein wirkliches Verzeihen. Der *Anfang* ist in diesem Sinne das wichtigste Kennzeichen der Ich-Wesen. Wenn es daher heißt (Jud. 1,6), dass die gefallenen Engel ihren Anfang verloren haben, so bedeutet das zugleich, dass sie ihren Ursprung verloren haben.

Durch die Anwesenheit des Logosfunkens in der Alltagsseele ist es möglich, dass der Mensch aus dieser heraus sich auf den inneren Weg begibt, ohne das Alltags-Ich erst abdämpfen oder aussondern zu müssen, wie das in den vorchristlichen Einweihungswegen der Fall war. Aus demselben Grund wird der persönliche geistige Führer oder Guru überflüssig. Seine Rolle bestand hauptsächlich darin, dem Menschengeist nach dem Zurücklassen des Alltagsbewusstseins über den Abgrund zu helfen, ihn im Jenseits zu orientieren und ihm bei der Rückkehr in das Alltagsbewusstsein beizustehen.

In Freiheit ein Quell von Ideen zu werden, dazu muss der Mensch vom unmittelbaren Einfluss der Himmel, in die er mit seinem überbewussten Geistig-Seelischen hineinragt, abgeschirmt werden. Das geschieht durch die Ausbildung jenes Seelenbereiches, den Rudolf Steiner als das «Eigenleben des Geistes»[4] charakterisiert, indem hier der Geist nicht in der Hingabe lebt – was seinem Wesen entspricht –, sondern in sich webt, in seinem «Hause» ist. Andererseits ist aber zum Anfangen auch der Logosfunke in diesem «Haus» notwendig. Die letztere Bedingung wurde durch die Fleischwerdung, die erste durch den Sündenfall erfüllt. Beide zusammen sichern dem Menschen die Freiheit als Möglichkeit des Anfangens.

Die Einwohnung oder Fleischwerdung des Logos im Erdenmenschen spiegelt sich im Übergang des göttlichen Wohnsitzes von bestimmten «Orten» – Bergeshöhen, Tempel, Heiligtümer – in den menschlichen Leib, der im Neuen Testament wiederholt «Gottes Tempel» genannt wird.[5]

Durch die Beheimatung des Logos im Schwachmenschlichen kann das Denken erlöst werden;[6] mit anderen Worten, es kann gesichert werden, dass das Denken, von oben her kommend, unten im menschlichen Bewusstseinszustand unverzerrt ankommt, unverzerrt entgegengenommen wird. Damit beginnt die Erlösung des Erdenmenschen, des Fleisches und dadurch der Erde selbst, des Bereiches, der bisher dem «Fürsten dieser Welt» untertan war.

Der Christus-Impuls bedeutet, dass das Alltags-Ich seinen Weg zur Vereinigung mit dem wahren, höheren Ich beginnt – ermöglicht durch den Logoskeim, der in das Alltags-Ich gekommen ist. Dadurch wird eine Kontinuität des Weges geschaffen, es ist keine «Verrückung» mehr notwendig, das Bewusstsein kann aus- und eingehen und verbindet damit den Himmel immer fester mit der Erde. Das alles bewirkt, dass die Meditation in unserer Zeit als «gedankenkräftiges Verhalten der Seele» charakterisiert werden kann.[7]

Es ist die Kraft des Logos, wodurch er selbst in der Welt und zugleich in der menschlichen Seele wahrgenommen werden kann. Was bei Heraklit der Einzelfall eines Auserwählten war, dass er nämlich sagen konnte: «Der Seele ist ein Logos eigen, der von sich aus zunimmt», wird im Christentum allgemein-menschliche Möglichkeit. Was in dem auserwählten Jesus von Nazareth bei der Taufe am Jordan stattgefunden hat, war wirksam-krafterfülltes Vorbild, das sich nach der Auferstehung in schnell wachsenden Menschengruppen verbreitete – «Und das Wort des Herrn nahm zu» (Apg. 6,7; 12,24; 19,20), wie eine Idee, die, von *einem* Menschen erfasst, bald vielen anderen zugänglich wird. Der Herr ist wie ein erhabenes Vorbild – oder Urbild. Dass der Logosfunke in einer menschlichen Seele aufwacht, auflodert, ist die freie Tat dieser Seele, gerade durch die Anwesenheit des Logoskeimes in ihr möglich, so paradox das klingt. Durch das bewusste Gewahrwerden dieses Keimes wird man Christ. Und die oft verzweifelte «religiöse» Ablehnung oder Abweisung der geistigen Wirklichkeit urständet in dem nicht zur Bewusstheit reifenden Gefühl der Logosanwesenheit in der eigenen Seele und geschieht mit der missbrauchten Kraft des Logos. Das ist die Sünde gegen den Heiligen Geist, die von außen nicht vergeben werden kann, weil sie mit derselben Kraft des Geistes zustande kommt; nur der Mensch kann in diesem Fall den «Sinn ändern».[8]

Nun sind die Reiche der Himmel wirklich nahe herbeigekommen, von der anderen Seite her, in der sie früher nicht aufgesucht werden konnten. Im Schwachmenschlichen sind sie anwesend; unter der Asche des Alltags, der Gewohnheiten lebt eine kleine Glut des Anfanges. Sie auflodern zu lassen heißt, mit dem neuen Heiligen Geist begnadet werden.

Das Alltagsbewusstsein ist nun verantwortlich für diesen versteckten Lebenskeim. Die Meditation darüber könnte lauten: «Ich pflege meinen Schöpfer.» Der Logos ist ja mein Schöpfer. Dass ein Menschenwesen seinen Schöpfer pflegt, das führt uns zum Bild der Gottesmutter. Im letzten Gesang der *Divina Comedia*, vor der Gottesschau Dantes, wendet sich sein Lehrer, der Heilige Bernhard von Clairvaux, in einem Gebet zur Madonna, um Dante beizustehen. Die Anfangsterzinen des Gebets drücken das Verhältnis der menschlichen Seele zu dem ihr innewohnenden Logosfunken aus (Übersetzung von Philalethes):

> Jungfräul'che Mutter, Tochter deines Sohnes,
> Mehr, denn sonst ein Geschöpf, hehr und voll Demut,
> Vorausbestimmtes Ziel des ew'gen Rates,
> Du bist's, durch die die menschliche Natur so
> Geadelt ward, dass es verschmäht ihr Schöpfer
> Nicht hat, sein eigenes Geschöpf zu werden.

Der Impuls des Christentums kann im Lichte des Fleischwerdung-Motivs so gesehen werden: Durch den Logosfunken im Alltags-Ich kann die Seele nun *anfangen* und beginnen, sich dem höheren oder wahren Ich zu nähern. Diese Bewegung ist gleichbedeutend mit der Pflege des Logos-Keimes in der Seele, so dass dieser zunimmt und aufblüht. Das Auflodern der aschenbedeckten Glut bedeutet das Erscheinen des neuen Heiligen Geistes, das Begnadetwerden mit ihm.

Im Sinne des Logosfunkens in der menschlichen Seele ist der Schlüsselsatz der Bergpredigt (Matth. 5,3) zu verstehen: «Selig sind die Armen am Geiste, denn ihrer ist das Reich der Himmel.» Diese «Armen» sind es, denen der Geist nicht von oben her *gegeben* wird, sondern die von unten her, vom Schwachmenschlichen her den Weg nach oben betreten. Dieser Unterschied ist zugleich charakteristisch, wenn man den Heiligen Geist im Sinne des Alten – und teilweise auch des Neuen – Testamentes vergleicht mit dem «neuen» Heiligen Geist, wie er nach der Auferstehung beschrieben wird.

Das Neue Testament weiß von diesem Unterschied. Im Titusbrief des Paulus kann man lesen (3,5): «Nicht um der Werke willen der Gerechtigkeit, die wir getan haben, sondern nach seiner Barmherzigkeit hat er uns gerettet durch das Bad der Wiedergeburt und durch die Erneuerung (*anakainoseos*) des Heiligen Geistes.»

Die Wandlung des Heiligen Geistes

Im Neuen Testament wird das Kommen des Heiligen Geistes den Jüngern versprochen und vorausgesagt[9] und mit dem Hingang (oder Fortgehen) des Herrn in Zusammenhang gebracht (Joh. 16,7). Indessen ist der Heilige Geist schon *vor* dieser Verheißung durch den Herrn wirksam, so bei der Empfängnis Mariae[10] und bei der Jordantaufe Jesu[11]. Es gab Menschen, die vom Heiligen Geist geführt waren (Luk. 2,25-27), und auch im Alten Testament kann man viele Hinweise auf seine Wirksamkeit finden.[12] Auf die Frage, was der Unterschied zwischen dem «versprochenen», nach der Auferstehung des Herrn erscheinenden und dem früheren Heiligen Geist sei, wird schon im Alten

Testament eine Antwort gegeben: Es wird in einem großen Versprechen das Kommen des Geistes als *allgemeine* Begnadetheit des ganzen Volkes und nicht bloß *einzelner* Auserwählter vorgezeichnet. So ist zum Beispiel bei dem Propheten Joel (3,1) zu lesen: «Und nach diesem will ich meinen Geist ausgießen über alles Fleisch; und eure Söhne und Töchter sollen weissagen, eure Ältesten sollen Träume haben, und eure Jünglinge sollen Gesichte sehen; auch will ich zur selben Zeit über Knechte und Mägde meinen Geist ausgießen.»[13] Im Lukas-Evangelium wird der Heilige Geist «das Versprechen des Vaters» genannt (24,49). Dem entspricht die vielfältige Beschreibung der Ausgießung des Geistes in der Apostelgeschichte.

Die neue Begnadung mit dem Geist geschieht durch die Aktivierung des Logosfunkens, der durch die Fleischwerdung in die menschliche Seele, in die Schwäche des Menschen gezogen ist. Diese Aktivierung erfolgt meistens nach der Taufe durch die Apostel und durch Handauflegung, manchmal aber auch ohne Handauflegung und sogar vor der Taufe.

Der Schritt aus dem alten zu dem neuen Zustand des Seelisch-Geistigen, man könnte sagen vom Alten zum Neuen Testament, spiegelt sich in den – nicht immer genau gebrauchten[14] – Ausdrücken «Kinder Gottes» und «Söhne Gottes» oder «Sohnschaft». Die Wandlung wird im Prolog des Johannes-Evangeliums angedeutet. In Vers 13 wird über die Kinder Gottes berichtet (vergleiche oben S. 9), dann geht in Vers 14 die Entwicklung weiter: «Und der Logos ward Fleisch.» Es beginnt die Einwohnung des Logos. Die Einwohnung aber ist die Möglichkeit des Begnadetwerdens mit dem Heiligen Geist, und der also Begnadete heißt «Sohn Gottes». Die Sohnschaft zu erlangen ist die große Ermahnung des Apostels Paulus, die durch seine Briefe durchklingt. Die klarste Angabe über die Sohnschaft findet man im Römerbrief (8,14): «Denn die der Geist Gottes treibt, die sind die Söhne Gottes.» Ähnlich heißt es im Galaterbrief (4,4-6): «Da aber die Zeit erfüllet ward, sandte Gott seinen Sohn, geboren von einem Weibe und unter das Gesetz getan, auf dass er die, so unter dem Gesetz waren, erlöste, dass wir die Sohnschaft empfingen. Weil ihr denn Söhne seid, hat Gott gesandt den Geist seines Sohnes in eure Herzen.» Im Römerbrief (8,23) wird die Sohnschaft mit der Erlösung, das heißt Auferstehung des Leibes in Zusammenhang gebracht, wie es schon im Lukas-Evangelium geschieht (20,36): «Denn sie (die die Auferstehung erlangen) können hinfort nicht sterben; denn sie sind den Engeln gleich und Gottes Söhne, dieweil sie Söhne der Auferstehung sind.» Auf die alttestamentarische Verheißung wird Bezug genommen im Römerbrief (9,26): «An dem Ort, da zu ihnen gesagt ward: Ihr seid nicht mein Volk, sollen sie die Söhne des lebendigen Gottes genannt werden.» Die Bezugsstelle ist Hosea 2,1.

Die alten Begnadeten mit dem Heiligen Geist sind «Kinder Gottes»; sie beziehen die Inspiration von oben her, sie werden aus Gott geboren. Die neuen Begnadeten sind «Söhne Gottes» infolge der Fleischwerdung, der Möglichkeit nach alle Menschen, zunächst das ganze auserwählte Volk, dann aber auch die «Heiden». Diese Begnadeten gehen aus dem «Fleisch» aus, dessen Wille durch die Anwesenheit des Logosfunkens in ihm verwandelt werden kann. Sie sind befähigt, auch die Auferstehung des Fleisches zu erleben.

Die Ausbreitung des Heiligen Geistes

Verfolgen wir nun den Weg des neuen Heiligen Geistes in der Apostelgeschichte. In Kap. 1, Vers 4-5 wiederholt der Auferstandene das Versprechen des Vaters: «Ihr werdet mit dem heiligen Geist getauft werden nach nicht vielen Tagen.» Der Heilige Geist wird die Apostel befähigen, über den Herrn zu zeugen «bis ans Ende der Erde» (1,8). «Zeugen» ist im Sinne eines überzeugenden Eintretens gemeint.[15]

«Nach nicht vielen Tagen» erfolgt Pfingsten (2,1-13). Der Heilige Geist ergießt sich über die Apostel, aber auch über die zuhörenden Menschen, die die Rede der Apostel so verstehen, als ob sie jeder in der eigenen Sprache vernehmen würde.

In Petrus' nachfolgender Predigt wird die Reihenfolge der Schritte zur Christwerdung angegeben. Dann heißt es (2,38): «Ändert den Sinn (*metanoeite*), und jeder von euch lasse sich taufen auf den Namen Jesu Christi zur Vergebung eurer Sünden, und ihr werdet die Gabe des heiligen Geistes empfangen. Denn euch gilt das Versprechen und euren Kindern und allen in der Ferne.» «Allen in der Ferne» bezieht sich wohl auf die Heiden.

Als Petrus und Johannes von den Schriftgelehrten und Hohenpriestern freigelassen werden, beten sie zusammen mit der ganzen christlichen Gemeinde, und «als sie gebetet hatten, erbebte der Ort, an dem sie versammelt waren, und alle wurden mit dem Heiligen Geist erfüllt und verkündigten mit Freude den Logos Gottes» (4,31).

Petrus und Johannes werden nach Samarien geschickt; und sie beten, dass die dortige Gemeinde den Heiligen Geist empfangen möge. «Denn er war noch auf keinen von ihnen gefallen, sondern sie waren nur getauft auf den Namen des Herrn Jesus. Da legten sie ihnen die Hände auf, und sie empfingen den Heiligen Geist» (8,16-17). Zum ersten Mal wird hier ausführlich von dieser Art, den Geist zu empfangen, erzählt. Später (19,2-6) scheint das die regelmäßige Handlung nach der Taufe geworden zu sein.[16] So heilt Ananias den erblindeten Saulus und verheißt ihm zugleich den Heiligen Geist (Apg. 9,17).

Der nächste Schritt erfolgt durch Petrus: Durch seine Predigt wird, zur Verwunderung der Juden, der Geist auf seine nicht-jüdische Zuhörerschaft ausgegossen, noch bevor sie auf den Namen Jesu getauft worden sind (10, 44-48). Man kann diese Begebenheit als das zweite Pfingsten auffassen.

Der Gang der Geschehnisse zeigt, wie sich die Verheißung des Alten Testaments verwirklicht: Der Geist wird allgemein. Doch ist das Teilhaben an ihm kein Geschenk. Einerseits geht dem Teilhaftigwerden die Bekehrung (Sinn-Änderung) und meistens die christliche Taufe voran, andererseits aber muss der empfangene Geist gepflegt werden. In Vers 5,19 des ersten Thessalonicherbriefes heißt es: «Den Geist löschet nicht aus.» Im zweiten Brief an Timotheus ermahnt Paulus (1,6): «Und aus diesem Grunde erinnere ich dich daran, die Gnadengabe Gottes anzufachen, die durch die Auflegung meiner Hände in dir ist.» Das Wort «anfachen» deutet auf die Feuernatur des Geistes – *ana-zo-pyrein* (*zoe* = Leben, *pyr* = Feuer, *ana* = auf, also etwa: auffeuern zum Leben).

Der «neue» Heilige Geist wird im Neuen Testament mehrfach «der Tröster» – Parakletos, der Herbeigerufene – genannt.[17] In ganz einfachem Sinne könnte man meinen, die Jünger würden getröstet in ihrem Verlust, dem Schmerz darüber, dass sie dem Herrn nicht mehr begegnen, weder dem auf der Erde wandelnden, noch dem Auferstandenen. Dem widerspricht nicht die tiefere und umfassendere Deutung, dass nämlich die Tröstung sich auf das Aufhören der alten Inspirationsart bezieht, auf das Vergehen des Zeitalters, in dem Geist, Inspiration, Führung *gegeben* war, fast ohne ein Zutun von menschlicher Seite. Das Verloren gehen der alten Führungsform, der alten Verbindung mit der Götterwelt verlangt mit Recht nach einem Trost; dieser wird in der allgemeinen Möglichkeit eines Zuganges zum Geist gegeben.[18]

Die Bedingung dafür, dass der Tröstergeist den Menschen zugänglich werde, ist der Hingang des Logosträgers. «Aber ich sage euch die Wahrheit: Es ist euch gut, dass ich hingehe. Denn so ich nicht hingehe, so kommt der Tröster nicht zu euch; so ich aber hingehe, will ich ihn zu euch senden» (Joh. 16,7). Als Bedingung wird das Hingehen formuliert in Joh. 7,39: «Das sagte er aber über den Geist, den die empfangen sollten, welche an ihn glaubten; den Geist gab es noch nicht, weil Jesus noch nicht verherrlicht (verklärt durch die Himmelfahrt) war.»[19]

Das Neue Testament ist voller Hinweise und Andeutungen der Notwendigkeit, dass der Logosträger stirbt.

Aus der sinnlichen oder übersinnlichen *Wahrnehmung* musste sich der Herr herausziehen, um ganz im menschlichen Innern als Kraft aufzuwachen. Seine Fleischwerdung war noch Göttertat, die letzte in der Geschichte des Menschenbewusstseins oder des Menschheitsschicksals: Die Göttertat musste Platz geben für die kommende Zeit des Geistes, in der aus menschlichem Bemühen der göttliche Rat in der Form einer Intuition oder Inspiration geholt wird. Der Hingang des Herrn kann auch von dieser Seite her, wie auch von der Auferstehung aus, verstanden werden.

Zwischen der Fleischwerdung und diesem Hingang, dem Mysterium von Golgatha, vergehen die drei Jahre, die die Erdenwirksamkeit des Herren umfassen.[20] Die Epiphania bildet nur den Anfang der Fleischwerdung; diese setzt sich durch die drei Jahre fort und endet mit der Schicksalserfüllung des Fleisches, dem Tod. Die Auferstehung ist die Frucht der Vereinigung des Logos, des Gottessohnes mit dem Menschenwesen in der Gestalt Jesu, des Menschensohnes. Der geisteshistorische Sinn dieser Vereinigung bei der Jordantaufe ist der, dass die Gottheit in sinnlich-wahrnehmbarer Form erscheinen musste, obwohl durch die jüdische Religion die Menschheit den unsichtbaren Gott entdeckt hatte; aber das verfallende Bewusstsein konnte sich später nicht mehr zur Erfahrung des Unsichtbaren erheben.

Der Sinn des letzten Schöpfungsaktes, der Fleischwerdung, liegt darin, dass er im Menschen die Fähigkeit der Weiterschöpfung, die Möglichkeit des achten Schöpfungstages verlangt, damit er als Mündiggewordener einer sinnlos gewordenen Welt neuen Sinn geben kann.* Dazu muss sich die Quelle der Schöpfung, das Wort, mit dem Menschen verbinden, so dass dieser die Ausstrahlung – die Herrlichkeit – des Sohnes erblicken kann. Der Anblick des Herrn, von Angesicht zu Angesicht, verwandelt den Menschen und befähigt ihn, die größte Adaeqatio, die größte Angleichung

* «Nur eine sinnlose Welt ist für ein Wesen, wie den Menschen die einzige sinnvolle Welt; denn in einer sinnerfüllten Welt wäre er mit all seinen Gaben der Sinnverleihung überflüssig» (N. Hartmann).

zu vollziehen: die wirkliche Christwerdung, den Aufstieg zum Rang «Bruder Christi». Der erste Schritt dazu ist im Prolog des Johannes-Evangeliums beschrieben; es ist der Schritt von den «Kindern Gottes» zur «Sohnschaft», von den «Gerechten», die «die Gerechtigkeit tun»,[21] zu denjenigen, die «die Wahrheit tun».[22]

Dieser Schritt überbrückt den Unterschied zwischen der Geistesart Johannes' des Täufers und der des Herrn. Johannes «kam auf dem Wege der Gerechtigkeit» (Matth. 21,32); er nennt den Herrn «stärker», mächtiger, als er selber ist,[23] und sagt, dass er selber abnehmen müsse, während der Logosgeist zunehmen soll (Joh. 3,30).

Die Fleischwerdung des Logos beginnt mit Hilfe Johannes' des Täufers, und zwar durch die Wassertaufe, die dieser mit denen durchführt, die ihren Sinn geändert haben oder anders ausgedrückt: Buße tun. Durch diese Wassertaufe, die *eine* Tradition bewahrt, wird das Neue Testament mit dem Alten verbunden. Deshalb ist es angebracht, diese einzigartige Taufe zu betrachten.

Die Taufe

Johannes der Täufer ist aus einem früheren Geschlecht, Mensch eines anderen Zeitalters als dem christlichen. Der Kleinste im Reich der Himmel ist größer als er, der Größte von denen, die von einer Frau geboren wurden (Matth. 11,11; Luk. 7,28). Das weiß er selbst, deshalb spricht er von der *nächsten Taufe*, von der Taufe mit Feuer und dem

Heiligen Geist, die auf seine Art, mit Wasser zu taufen, folgen wird.

Durch seine Taufe lockerte sich – im Idealfall – die menschliche Konstitution so weit, dass sich die Verbindung des Bewusstseinsprinzips mit dem Organismus löste und das erstere für das Erleben überirdischer Wahrheiten empfänglicher wurde. Der Getaufte blieb bis zur Grenze des Ertrinkens unter Wasser. Dieser Prozedur unterwirft sich auch Jesus, obwohl der Täufer ihn als den ihm Überlegenen zunächst gar nicht taufen will (Matth. 3,14). Er gibt ihm schließlich doch nach, damit «alle Gerechtigkeit erfüllt werde», das heißt, damit die Kontinuität der ewig neuen Lehre bewahrt werde.

Der Bericht über die Taufe ist in jedem einzelnen Evangelium leicht abgewandelt: Bei Matthäus und Markus wird erwähnt, dass Jesus «alsbald» – *euthys* – aus dem Wasser heraufstieg; Lukas beschreibt sein Beten; bei Johannes tritt der Täufer als Zeuge alles dessen auf, was bei den Synoptikern als Erlebnis des Getauften geschildert wird: Er sieht die Taube, die auf Jesus herabfährt; die Öffnung der Himmel wird dagegen hier durch den Herrn selber verkündigt, und zwar nach dem Gespräch mit Nathanael (Joh. 1,51), mit deutlicher Bezugnahme auf den Traum Jakobs mit der Himmelsleiter (1 Mos. 28,12).

Das Wort «alsbald» oder «gleich» kann als Schlüsselwort aufgefasst werden: Das schnelle Heraufsteigen aus dem Wasser und das Beten, auch das Sich-Weigern des Täufers bedeuten, dass in diesem Fall die Wassertaufe eine halbwegs formale Angelegenheit für das zentrale Ereignis im neuen Zeitalter war: dass sich der Anfang, der Erstgeborene der Schöpfung (Kol.1,15; Off.3,14) mit einem ihm entgegenöffnenden menschlichen Organismus verbunden und diesen zu durchdringen begonnen hat. Der Mensch war schon bereit, das wird durch das Wort «alsbald» angedeutet. Das Untertauchen in das Wasser war in diesem Fall mehr ein Symbol.

In der Wassertaufe wurde das Bewusstseinsprinzip des Menschen durch das Berührtwerden vom körperlichen Tod für einen Augenblick *erfahrend* von der Geisteswelt angerührt. Das Geschehen bei der Taufe Jesu war demgegenüber wie umgekehrt: Er war nur einen Augenblick lang unter dem Wasser; aus dem geöffneten Himmel aber fuhr der Heilige Geist in Gestalt einer Taube auf ihn herunter und – wie Johannes der Täufer es bezeugt (Joh. 1,32-33) – *blieb* auf ihm.

Man kann den Übergang vom Täufer, dem höchsten Gipfel der Welt des Alten Testaments, in das Christentum als das Überwechseln von der Wassertaufe zu der mit Feuer und dem Heiligen Geist[24] auffassen – wobei *dieses* Feuer und der Heilige Geist eins sind. Der Übergang zeigt in der Metamorphosenreihe des *einen* Urprinzips aufwärts: Vom Wasser zum Luftigen – Geist, Pneuma – und zum Feuer; so bei Heraklit: «Das Feuer lebt der Erde Tod, und die Luft lebt des Feuers Tod, das Wasser lebt des Luftes Tod und die Erde den des Wassers» (Diels, Fragmente der Vorsokratiker, 118). Das eine Urprinzip bei Heraklit und in jeder anspruchsvollen Tradition, ist der Logos; das Feuer ist sein Synonym, sein imaginatives Bild.[25]

Die Wassertaufe löst den geistigen Menschen aus dem irdischen, mineralischen Bewusstsein heraus; die Taufe mit dem Feuer und dem Heiligen Geist, ein rein innerlicher Vorgang, bewirkt im Menschen die Möglichkeit, in dem physisch-mineralischen Leib den Anfang eines geistigen Weges zu setzen und denselben Körper mit den Errungenschaften des Weges zu durchdringen, zu verbinden. Dieser Weg führt zu einer im Prinzip grenzenlosen Adaequatio – Angleichung – an den Herrn. Ihr Ausmaß ist andeutungsweise aus dem Vers Joh. 14,12 zu ahnen: «Amen, amen ich sage euch: Wer an mich glaubt, der wird die Werke auch tun, die ich tue, und wird größere als diese tun; denn ich gehe zum Vater.»

Der geöffnete Himmel[26]

Alle vier Evangelien erwähnen bei oder nach der Taufe, dass die Himmel sich geöffnet haben. Nun sind die Himmel immerwährend offen; es liegt am Menschen, ob er sie sieht oder nicht. So wird in der Apostelgeschichte die Gottesschau des Heiligen Stefan beschrieben, wie er sie vor seinem Tode erlebt (Apg. 7,56): «Wie er aber voll Heiligen Geistes war, sah er auf gen Himmel und sah die Herrlichkeit Gottes und Jesum stehen zur Rechten Gottes und sprach: Siehe, ich sehe den Himmel offen und des Menschen Sohn zur Rechten Gottes stehen.»

Die Erfahrung der geöffneten Himmel geschieht im Alten und Neuen Testament stets in einer besonderen, dramatischen Seelenverfassung: Jakob auf der Flucht (1 Mos. 28,12), das Taufgeschehen in den Evangelien, die zitierte Szene und die Erfahrung Petri in der Apostelgeschichte (10,11) sowie die entsprechenden Stellen in der Offenbarung des Johannes[27] zeugen davon. Die einzige Ausnahme ist der Vers Joh. 1,51: «Von nun an werdet ihr den Himmel offen sehen und die Engel Gottes hinauf- und herabfahren auf des Menschen Sohn.» «Von nun an» kann sich auf die Folgen der Jordantaufe beziehen und auf die allgemeine Möglichkeit der Menschen in der Zukunft hinweisen.

Die Öffnung der Himmel bedeutet jedenfalls die Öffnung der Menschenseele nach «oben», nach ihrem überbewussten, stets anwesenden Himmel. Dadurch dass die Taube, der Heilige Geist, auf dem Getauften «bleibt», lebt dieser fortan ständig mit geöffneten Himmelsaugen. Davon zeugen nicht nur die Wunder und Zeichen, die er tut, sondern auch das unmittelbare Wissen von Zukünftigem,[28] von nicht laut gestellten Fragen, von Seelenvorgängen in seiner Umgebung.[29]

Die Fleischwerdung brachte der Menschheit die Möglichkeit, die Aufmerksamkeit von dem Alltagsbewusstsein aus in die Richtung ihrer Quellen zu lenken. Anders ausgedrückt: Das Bewusstsein kann auf dem hiesigen Rand des Abgrundes, der es von dem Überbewussten trennt, zu einem Selbstbewusstsein, zu einer Autonomie gelangen und deshalb von hier aus *Anfang* setzen: seinen eigenen Anfang. Der Anfang – das Prinzipium – drang durch die Fleischwerdung in jenes Gebiet, das dem Sündenfall unterworfen war: *Da* beginnt – nimmt ihren Anfang – die *Möglichkeit* der Erlösung; diese *Möglichkeit ist* selbst die Erlösung. Das Selbstbewusstsein kann nicht *von außen* erlöst werden, ohne eigenes Zutun. Das wäre das Aufheben und Aufgeben des freien Selbstbewusstseins. Ebensowenig kann das Tun des Selbstbewusstseins Selbsterlösung genannt werden, denn es wäre ohne die Erlösungstat der Fleischwerdung und seiner Folgen gar nicht möglich.

Die Bildung des Abgrundes, das heißt, die Unterbrechung der Kontinuität der an den Menschen herankommenden Inspiration auf ihrem Wege auf die Ebene des gespiegelten Alltagsbewusstseins hätte – und hat teilweise – die Gefahr mit sich gebracht, dass in der unbewachten Phase des Heruntersteigens das Himmelsgeschenk durch menschenfeindliche Kräfte verzerrt wird. Dem hat die Fleischwerdung entgegengewirkt: Sie hat die Möglichkeit geboten, dass das gespiegelte Denken eine geradlinige Abbildung des höheren lebendigen Denkens, sein unverzerrter Schatten sein kann, die sogenannte *pura ratio*, ein reines Denken, rein von allen störenden Einflüssen – sofern der Mensch es will. Dazu muss ein Logos-Funken auf dieser Seite des Abgrundes anwesend sein, denn die Autonomie – oder Freiheit – des Bewusstseins kann zunächst nur auf dieser untersten Ebene des Geistes begründet werden, um sich später von da aus aufwärts auszubreiten.

Noch bevor der Abgrund sich vollends aufgetan hat beziehungsweise allzutief geworden ist, hat sich der Logos, der Gefahr der völligen Unterbrechung des Zusammenhanges nach oben vorbeugend, mit dem «Fleisch» verbunden. Die Anwesenheit des Logosfunkens im gespiegelten Bewusstsein ermöglicht die *Umkehr*, die Rückwendung des Blickes von der Erscheinung zum Wesen; so zum Beispiel in der Übung, in der, ausgehend von der wahrnehmbaren Form eines Wortes, die Aufmerksamkeit sich seiner Bedeutung oder seinem Verstehen zuwendet. Der Mensch kann heute erfahren, wie in das Alltagsbewusstsein ein reines starkes Ich-Erlebnis hereinleuchtet.[30]

Durch den Logos im Fleisch wird als Möglichkeit die ganze Stofflichkeit geheiligt. Die göttliche Welt nimmt den Kampf mit dem Widersacher, dem Fürsten dieser Welt, mit dessen Hilfe das tote Mineralische geschaffen wurde, auf.

Daher der große Nachdruck, mit dem der vierte Evangelist die Tatsache der Fleischwerdung betont.[31]

Dem Menschen, der auf dem Wege ist, spricht der geöffnete Himmel durch sein, des Menschen, tiefes Schweigen, seine innere Meeresstille: durch die empfangende, augenblicklich leere Aufmerksamkeit. Dazu muss das Ich-Bewusstsein so stark werden, dass es in sich bestehen kann, ohne sich an «Etwas» mit Vergangenheitscharakter anzulehnen. Diese Stille wird von Rudolf Steiner auf folgende Weise beschrieben: «Was nach außen gesprochen wird, ist Sprache für das Erdenleben. Was gewissermaßen von hinten an den Menschen herankommt, was bis zu den Sprachorganen kommt, was nicht als Sprache nach außen tönt … sondern was von hinten kommt, am Kehlkopf aufhört, da stumm wird, statt dass da die Sprache beginnt, die eben irdisch hinausgeht: das ist eine geistige Sprache. Das ist etwas, was man die geistige Sprache nennen kann, die zu uns aus der geistigen Welt gesprochen wird.»[32] Und: «Mit dieser Welt (der Inspiration) macht sich der Mensch bekannt, indem er aus dem tiefen Schweigen der Seele heraus hört, wie der Geist, der universelle Logos – aber in seinen Individualitäten – zu ihm spricht; nicht in einer physisch hörbaren Sprache zu ihm spricht, sondern in einer Sprache, die nicht nur unhörbar, sondern weniger als unhörbar ist, und die eben deshalb gerade wiederum geistig wahrnehmbar ist. Und indem er das innere Wort gewinnt, das nicht äußeres Wort wird, und dennoch jene Kraft innerlich aufwendet, die sonst nur durch Vermittlung des Atems im äußeren Worte sich offenbart, arbeitet sich der Mensch durch, jene Welt kennenzulernen, aus der er heruntergestiegen ist.»[33] Um diese «negative» Stille schaffen zu können, in der der neue Heilige Geist sprechen kann, muss vorangehend ein Thema mit maximaler Aufmerksamkeitsstärke in das Bewusstsein gehoben und dort gehalten werden. Durch sein Wegschaffen, Entleeren entsteht an seinem Platz die empfangende, umgekehrte Aufmerksamkeitsstille.

Die Anwesenheit des Logos im Alltagsbewusstsein bewirkt, dass der moderne Mensch sich *allein*, ohne die kräftemäßig eingreifende Hilfe eines Meisters, nur an Ratschlägen sich orientierend und unter ihnen wählend, auf den Weg begeben kann: Der Meister ist schon von Anfang an in ihm da.

Wie die Fleischwerdung durch den Tod des Logosträgers zur Auferstehung geführt hat, so hat der Weg des einzelnen eine ähnliche, kaum vorstellbare Perspektive: Er kann durch Bewusstseinsübungen seine Konstitution verändern. Damit ist vor allem das Verhältnis seines Geistig-Seelischen zum Leiblichen gemeint. Eine Betrachtung, die die *ganze* Geschichte der drei Jahre nach der Jordantaufe zu erfassen bestrebt ist, muss von der Untersuchung dieses Verhältnisses ausgehen.

Geist und Leib

Der Mensch ist in seiner Struktur dem «Worte» ähnlich, indem er in seinem geistigen Wesen eine einzigartige Selbst-Bedeutung darstellt und indem er eine Art Doppelwesen ist: Das Geistige in ihm hat eine sinnlich-wahrnehmbare Erscheinungsform. Das reine Verhältnis dieser zwei Teile wäre in Analogie mit dem «Wort» so, dass der erscheinende Teil der jeweilige Ausdruck des geistigen Sinnes ist, Ausdruck für die Menschen, die durch wahrnehmbare Zeichen miteinander kommunizieren. Für den einzelnen selber aber ist die Leiblichkeit im Idealfall ein reiner, unbewegter Spiegel, der dem Selbstbewusstwerden des Ich dient.[34]

Die Konstitution des modernen Menschen weicht aus drei Gründen vom Idealfall ab.

Ursprünglich, vor dem Sündenfall, bestand der Mensch aus reiner Geistigkeit und aus einem nichtstofflichen lebenden und empfindenden Geistleib (lebende Gedanken- und Gefühlsform), der dem Ich als sein Ausdruck völlig zu folgen imstande war. Durch den Sündenfall haben sich die beiden Teile, die vorher miteinander *verbunden* waren, miteinander *vermischt*. Das hatte zur Folge, dass die Bewusstseinsprozesse im Leib Vorgänge auslösen. Die Bewusstseinsprozesse urständen im Ich. Durch ihr Eingreifen in den Organismus verliert der Spiegel seine Unbewegtheit und verzerrt das Bild. Zugleich wird dem Bewusstsein gerade das fehlen, was als Wirkung den Spiegel in Bewegung bringt; die Vorgänge, welche die Bewusstseinsprozesse begleiten, werden in der Tat nicht bewusst erlebt.

Eine weitere Folge des Sündenfalls – der Vermischung der Wesensglieder – war, dass die geistige Leibesform den Eingriffen des formfreien Ichwesens nicht standhalten konnte und zerbrach. Das Zerbrechen bedeutet das Herausfallen aus dem Leben, die Entstehung des leblosen Stoffes. Das Leben geht immer in Formen vor sich. Der leblose Stoff gliedert sich in die lebendige Form hinein, und von nun an kämpft das Leben im stofflichen Leib gegen die Gesetzmäßigkeit des Mineralischen – bis zum Tod: Da zerfällt der mineralisierte Spiegel.

Die zweite Abweichung vom idealen Verhältnis zwischen Geist und Leib entsteht dadurch, dass der verstofflichte Leib zu einer besonderen Art von Naturwesen wird, damit den biologischen Gesetzen unterliegt, beispielsweise der Vererbung, und eigenständige, «natürliche» Bedürfnisse und Eigenschaften erhält, also nicht mehr ganz dem Ausdruck des Ichwesens dienen kann. Die Verbindung zwischen Ich und Organismus besteht im Idealfall in der «Auswahl» der Vererbungslinie lange vor der leiblichen Geburt. In moderner Zeit erleidet diese Verwandtschaft durch menschliches Eingreifen (Familienplanung) Störungen. Umso größer ist nun die Aufgabe des Ichwesens, sich den nicht ideal gewählten vererbten Organismus anzupassen.

Drittens werden in der Fortsetzung des Sündenfalls einige ursprünglich rein biologische Prozesse über die biologischen Notwendigkeiten hinaus zum Genießen gebraucht; ähnliches passiert mit den Empfindungsprozessen: Es entstehen rein seelische genussvolle oder schmerzliche Prozesse, Emotionen, wobei auch die negativen in ihrem selbstempfindenden Charakter einen eigenartigen Genuss darstellen. Die Bildung der Selbstempfindung, der Egoität ist der dritte Grund, warum der Körper kein reiner Ausdruck des Ich mehr ist.

Das Selbstbewusstsein, das sich am Leib entwickelt, ist nicht erkennend. Am wenigsten wird der Leib erkannt, von dem sich das Bewusstsein abhängig hält. Im Wissen um diese Abhängigkeit zeigt sich aber der Funken eines leibunabhängigen Bewusstseins; sonst könnte die partielle Abhängigkeit gar nicht festgestellt werden. Dieser Funke kann im leibgestützten Bewusstsein selbst gepflegt werden. Gerade an diesem *erkennenden* Funken kann sich ein neues Selbstbewusstsein entwickeln, ohne sich an den Körper anlehnen zu müssen. Das geistige Selbstbewusstsein, das Geistselbst kann den nunmehr nicht als Bewusstseinsstütze verwendeten Körper erkennen, ihn heilen, ihn mehr und mehr selbstlos durchdringen.

Das Verhältnis des Geistselbstes zu den leiblichen und seelischen Hüllen ist wie eine Reminiszenz aus der Welt vor dem Sündenfall, es wird in der Jordantaufe vorgelebt: «Das ist die Voraussetzung, dass man weiß, wie in der allgemeinen Menschheit das Geistselbst in die Bewusstseinsseele hineinkommt ..., wie die Christus-Natur als ein besonderes kosmisches Geistselbst in die Bewusstseinsseelennatur des Jesus von Nazareth hineinkam ... Es findet keine Vermischung statt – nach Tertullian – zwischen dem Christus, entsprechend dem Geistselbst, und dem Jesus, entsprechend der Bewusstseinsseele, und allem, was an niederen Wesensgliedern dazu gehört, keine Vermischung, sondern nur eine Verbindung.»[35]

Was am Menschen nicht spricht, ist Keim einer Erkrankung. Der menschliche Geist ist von Anfang an ein Logos-Funke und deshalb auf das Logoshafte in der Welt gestimmt. Der Sündenfall und seine Folgen können als Versuche von Mächten aufgefasst werden, den Menschen vom logoshaften Sein abzubringen.

Das Wesen, das sich in der Jordantaufe mit dem Organismus des Menschensohnes verband, war auch früher Begleiter der Menschheit gewesen und hatte ihre Abirrung von der Logoswelt durch seine Opfertaten verhindert.[36] Golgatha war sein viertes Opfer; der Anfang dieses Opfers war Epiphania.

Die Erlösung des Denkens

In den drei Jahren bis Golgatha hat der Logos den menschlichen Organismus ganz durchdrungen; so konnte er den Menschen auch in den Tod hinein begleiten. Der Logos wurde auch in «dieser Welt» – ein Ausdruck des Evangelisten Johannes[37] – heimisch; dadurch kann der Mensch heute auch in «dieser Welt» anfangen. Denn die *Seinsart des Logos ist, im Urbeginn zu sein*. Das Denken, heute die einzige Seelentätigkeit, in der der Mensch autonom sein kann, wurde durch das vierte Opfer potenziell erlöst: «Dass auch das Denken verbunden sein kann mit dem Christus-Impuls, dass das Denken als solches nicht in Unordnung gekommen ist in seiner Wirksamkeit auf das Ich, dazu war das vierte Christus-Ereignis, das Mysterium von Golgatha da. Und wenn unser Denken immer mehr in Ordnung kommen soll, dass unsere Gedanken nicht chaotisch durcheinander gehen, sondern von innerem Gefühl, innerer Empfindung durchdrungen, durchsetzt sind, wenn gesundes Wahrheitsdenken immer mehr und mehr entwickelt werden soll, so geschieht dies deshalb, weil durch das Mysterium von Golgatha, das vierte Christus-Ereignis, dieses Denken den Impuls dazu erlangt hat.»[38]

Auferstehung

Der Tod wurde nach dem Sündenfall als Gegenmaßnahme gegen den Verfall dem Menschen mitgegeben. In ihm wird die Identifikation mit dem mineralisch gewordenen Leib immer wieder unterbrochen. Auf Erden wird durch jeden Erkenntnisakt gleichsam in homöopathischem Maßstab eine ähnliche Unabhängigkeit des Geistes vom Leibe erreicht: «Der Mensch ist eigentlich mit dem Teil, der erkennt, immer außerhalb seines Leibes und seiner Leibesfunktionen.»[39]

Der Mensch hat das Selbstsein – die Selbst-Bedeutung – mit Hilfe des Körpers gelernt; durch den Erkenntnisweg wächst seine geistige Selbstkraft. Er durchdringt *erkennend* den Leib, löst ihn aus der Mineralität. Die fällt als Asche aus der Entwicklungsgeschichte heraus. Da der Mensch den mineralischen Leib für das Bewusstwerden nicht mehr braucht, beginnt die Wiederherstellung der reinen, unstofflichen, lebenden und empfindenden Form des Leibes: Er wird durchsichtig – eine reine Form. Wie das Wort reine Form ist, auf vielfache Weise auszudrücken, so wird die Form, das jeweils Geformte der menschlichen Selbstbedeutung mineralfrei und dadurch unverweslich. Dieser Vorgang wurde vor bald 2000 Jahren am Ostermontag vorgelebt. «Es wird gesät ein natürlicher Leib und wird auferstehen ein geistlicher Leib. Ist ein natürlicher Leib, so ist auch ein geistlicher Leib» (1 Kor. 15,44). So ist es in der Logos-Welt: Jeder natürliche Leib hat einen Ideen-Leib als Grundlage.

Der «Umweg» durch die Stofflichkeit dient nicht nur zur Erschaffung der Selbst-Bedeutung, des geistigen Selbstes. Er dient zugleich der menschlichen Liebe, die neu ist – oder wäre – im Kosmos. Diese Liebe ist nur in der Stofflichkeit zu erlernen, indem sie diese schon auf Erden überwindet. Dazu ist nur ein geistiges Wesen fähig – der Geistesfunke, wenn er wächst. «Wie ich euch geliebet habe» (Joh. 13,34 und 15,12) – so lautet das neue Gebot der Liebe: Wie der Logosträger im irdischen Leib diese Liebe vorgelebt hat.

Kein irdischer Leib: Kein Wirtschaftsleben. Und nur im Wirtschaftsleben kann – könnte – sich die Brüderlichkeit entfalten. Der Erkenntnisweg führt zur irdischen Liebe, zur Lösung der sozialen Probleme. Aber auch zur Erlösung der Natur. Durch die geistige Entwicklung wird der Mensch zum *Sinn*, zur Bedeutung des Wortwesens, das er ist, zugleich aber zum Sinn der Natur. Denn um ihn und für ihn, um eine Möglichkeit zu seinem Weg zu bereiten, folgte die Natur dem Menschen durch den Sündenfall und erwartet von ihm seine Aufhebung: «Denn das ängstliche Harren der Kreatur wartet auf die Offenbarung der Söhne Gottes» (Röm. 8,19).[40]

Es ist für den heutigen Menschen schwierig, sich die geistig-seelischen Umstände, die Atmosphäre zur Zeit und am Ort der Entstehung des Christentums vorzustellen. Er muss oder müsste viel Energie in seinen Bewusstseinsübungen entfalten, um zu einer auch nur bescheidenen geistigen Erfahrung kommen zu können. Die Anwesenheit des Logosträgers dazumal hat eine kaum zu erahnende geistige Befruchtung in seiner Umgebung bewirkt; allerdings scheint es – und das ist bezeichnend –, dass die Früchte sich erst nach der Auferstehung richtig gezeigt haben, beispielsweise in dem pfingstlichen Geschehen. Die «Arbeit» der Jünger bestand vor allem in der Überwindung der inneren Hindernisse, in dem Logosträger den zu sehen, der er in Wahrheit war – eine schwere Hürde für Juden und Heiden. Es war nicht leicht und einfach damals, sich zum Christentum zu bekennen, auch aus äußeren Gründen nicht. Erst die Wirkung des Auferstandenen aus der geistigen Welt ermöglichte die Ausgießung des Geistes auf die Christen und einige Male auch auf Nichtchristen, wie sie in der Apostelgeschichte beschrieben wird.

Verlassenwerden und Verheißung des Geistes

Die Jünger des Herrn erleben zweimal das Verlassenwerden von ihrem Meister und werden zweimal darauf vorbereitet. Das erste Mal werden sie durch den Kreuzestod zu Verlassenen, darauf werden sie besonders in den Abschiedsreden (Kap. 14-16) des Johannes-Evangeliums vorbereitet; das zweite Mal verlässt sie der Auferstandene durch seine Himmelfahrt, auch darauf werden sie mit kurzen Worten vorbereitet. Welches dieser Erlebnisse das schmerzhaftere für die Jünger ist, wäre schwer zu sagen. Beide Male wird ihnen das Herankommen des Tröstergeistes vorausgesagt und versprochen. Und beide Male geschieht bei dieser Verheißung, dass eine Frage von den Jüngern gestellt wird, die aus ihrem Nichtverstehen stammt. Das Unverständnis bezieht sich in beiden Fällen auf den Unterschied zwischen einem weltlichen Messias, der die Welt, «diese Welt», durch sein Erscheinen in ihr «erlöst», und dem inneren Messias, der durch sein Erscheinen der Menschheit die Möglichkeit bringt, durch inneres Tun die Erlösung der Welt herbeizuführen. Denn wie könnte eine Erlösung geschehen und was würde sie nützen, wenn das Bewusstsein, das Gemüt der Menschen unverwandelt bliebe?

Vor dem Kreuzestod wird der Herr durch den Jünger Judas, nicht den Iskarioten, gefragt (Joh. 14,22-26). «Herr, was ist's, dass du dich uns willst offenbaren und nicht der Welt? Jesus antwortete und sprach zu ihm: Wer mich liebt, der wird mein Wort halten; und mein Vater wird ihn lieben, und wir werden zu ihm kommen und Wohnung bei ihm machen. Wer aber mich nicht liebt, der hält meine Worte nicht. Und das Wort, das ihr höret, ist nicht mein, sondern des Vaters, der mich gesandt hat. Solches habe ich euch geredet, solange ich bei euch gewesen bin. Aber der Tröster, der heilige Geist, welchen der Vater senden wird in meinem Namen, der wird euch alles lehren und erinnern alles des, das ich euch gesagt habe.»

Wie parallel zu dieser Szene werden in der Apostelgeschichte vor der Himmelfahrt eine ähnlich strukturierte Frage und Antwort wiedergegeben (Apg. 1,4-9): «Und als er sie versammelt hatte, befahl er ihnen, dass sie nicht von Jerusalem wichen, sondern warteten auf die Verheißung des Vaters, welche ihr habt gehört (sprach er) von mir; denn Johannes hat mit Wasser getauft; ihr aber sollt mit dem heiligen Geiste getauft werden nach nicht vielen Tagen. Die aber, so zusammengekommen waren, fragten ihn und sprachen: Herr, wirst du auf diese Zeit wieder aufrichten das Reich Israel? Er sprach aber zu ihnen: Es gebührt euch nicht zu wissen Zeit oder Stunde, welche der Vater seiner Macht vorbehalten hat; sondern ihr werdet die Kraft des heiligen Geistes empfangen, welcher auf euch kommen wird, und werdet meine Zeugen sein zu Jerusalem und in ganz Judäa und Samarien und bis an das Ende der Erde. Und da er solches gesagt, ward er aufgehoben zusehends, und eine Wolke nahm in auf, weg von ihren Augen.»

Ähnlich ist die Himmelfahrt bei Lukas (24,51) geschildert; hier ist auf das Unverständnis nur mittelbar hingewiesen (24,45).

Der Sinn beider Gespräche ist wohl der: Nur wenn die Menschen das Wort lieben, wenn sie den Heiligen Geist empfangen können, wenn sie die Zeugen des Logos sein können, kann das Himmelreich auf Erden verwirklicht werden, wird der Messias in der Welt, in «dieser Welt», durch die Menschen, seine Zeugen, selbst sich offenbaren und wirken können.

In der Wolke

Die Himmelfahrt geschieht nach der letzten Verheißung des Geistes (Apg. 1,9). Die «Wolke», durch die der Herr aufgenommen wird, ist keine natürliche, wie es aus vielen anderen Stellen der Bibel zu sehen ist – das Geschehen ist ja auch kein natürliches. Im Alten Testament[41] werden die Juden tagsüber von einer Wolke geführt, worauf sich auch Paulus (1 Kor. 10,1) beruft. Diese Wolke ist – das wird aus dem Kontext ersichtlich – Jahwe. In der Verklärungsszene[42] wird Jesus, oder auch die Jünger, durch eine Wolke, die bei Matthäus eine «lichte» genannt wird, umwoben. Und in der Schilderung des Jüngsten Gerichts[43] wird das Kommen des Herrn «auf Wolken des Himmels, mit großer Kraft und Herrlichkeit» (*doxa* = Strahlung) beschrieben. Auch wird in der Verklärungsszene, wie bei der

Jordantaufe Jesu, die Stimme des Vatergottes vernommen. Man kann so in der «Wolke» ein Zeichen der Gegenwart des Vatergottes sehen, in die das Logoswesen aufgenommen wird, wie es aus ihm hervorgegangen ist. Die Abschiedskapitel des Johannes-Evangeliums und das Gebetskapitel 17 sprechen ja von diesem Hingehen zum Vater. Es ist kein *Aufgehen* im Vater (Joh. 1,1-2), und doch ist es ein Einssein mit ihm, wie es der Daseinsweise der hierarchischen Wesen entspricht.[44]

Die Erscheinung und das Hinschwinden des menschlich gestalteten Logoswesens in die mehr gestaltlose, ungegliederte Wolke, die den Hintergrund der Gestalt bildet, sich von ihr abhebt und sie doch aufnimmt oder gebiert, ist das imaginative Bild für das Verhältnis und den Zusammenhang des Vaters und Sohnes. Das Verborgenwerden der sichtbaren Gestalt in die sich verändernden und auflösenden Wolken bringt dann nach der Himmelfahrt den Wind des Geistes, die pfingstliche Begeisterung (Apg. 2,1-4): «Und als der Tag der Pfingsten erfüllt war, waren sie alle einmütig beieinander. Und es geschah schnell ein Brausen vom Himmel wie eines gewaltigen Windes und erfüllte das ganze Haus, da sie saßen. Und es erschienen ihnen Zungen zerteilt wie von Feuer, und es setzte sich auf einen jeglichen unter ihnen; und sie wurden alle voll des Heiligen Geistes und fingen an zu predigen mit anderen Zungen, nach dem, (wie) der Geist ihnen gab auszusprechen.»

Nach Himmelfahrt

Durch die Himmelfahrt werden die Jünger zum zweiten Mal von der *Erscheinung* des Logoswesens getrennt. Die Berichte im Neuen Testament über das erste Getrenntwerden sprechen eindeutig von Traurigkeit und Trauern (Mark. 16,10; Joh. 20,11). Abgesehen von der Natürlichkeit dieses Gefühls, ist es auch dadurch bedingt, dass keiner von den Jüngern das Geschehen des Kreuzestodes versteht – sie konnten die Schrift, so heißt es, das Alte Testament im Hinblick auf die Notwendigkeit der Leiden des Messias nicht lesen.[45]

Durch die Auferstehung selbst und durch die Lehren des Auferstandenen haben die Jünger wenigstens teilweise erkannt, was die wahre Geschichte des Messias ist. Bei der zweiten Scheidung deutet kein Text wörtlich auf eine Traurigkeit hin, es ist sogar eine «große Freude» erwähnt (Luk. 24,52); immerhin scheint zwischen den Zeilen der Apostelgeschichte eine verständliche Wehmut durchzuschimmern (Apg. 1,10): «Und als sie ihm nachsahen, wie er gen Himmel fuhr, siehe, da standen zwei Männer in weißen Kleidern ...»

Es ist zu beachten, dass Freude und Traurigkeit in den Erlebnisbereichen, um die es geht, einander nahe sind, ja gleichzeitig anwesend sein können. Das ist aus den Abschiedsreden Jesu im Johannes-Evangelium deutlich ersichtlich.[46] Die Urfreude am Sein in der Logoswelt, die während des Sprechenlernens des Kindes zu beobachten ist, kann in allen menschlich noch so trauervollen Situationen gegenwärtig sein.[47]

Die Frucht dieser Seelenstimmung, die doch durch Verlassenheit und Erwartung geprägt ist, kann in der Erstarkung der Gemeinschaftlichkeit gesehen werden, die im Text der Apostelgeschichte als «einmütig» bezeichnet wird (Apg. 1,14 und 2,1). Der Ausdruck (griech. *homothymadon*) kehrt unmittelbar vor der Beschreibung des Pfingstgeschehens wieder und ebenso bei der zweiten Ausgießung des Heiligen Geistes (Apg. 4,24 bzw. 31), wobei im nächsten Vers (4,32) von der besonderen Gemeinschaftlichkeit die Rede ist: «Die Menge aber der Gläubigen war ein Herz und eine Seele; keiner sagte von seinen Gütern, dass sie sein wären, sondern es war ihnen alles gemein.» Im Geist sind die Individuen nicht voneinander getrennt, auch wenn dieser Geist ganz individuell in den einzelnen Menschen wirksam ist – das ist wohl der Sinn des Pfingstgeschehens (Apg. 2,3-4).

Der gemeinsame Bereich, an dem die Menschen teilhaben, macht Kommunikation, Erkenntnis, Gemeinsamkeit der Welt möglich. Das Teilhaftigsein an dem Bereich des Geistes ist zunächst *überbewusst*; daher kann diese Seelenstruktur als Bewusstseins*seele* bezeichnet werden. Erlangt der Mensch Bewusstseinswachheit auf der Ebene des *Verstehens*, des lebendigen Denkvorgangs, wechselt die *Seelen*struktur in die des *Geist*selbstes über. *Homothymadon* ist die Vorbereitung im Gemüt auf das Erleben des Geistes, das heißt des unmittelbaren, unvermittelten Verstehens.

Die Sprachen und die Sprache

Das unmittelbare Verstehen, ohne wahrnehmbare Zeichen, ist auch hinter allen in die Wahrnehmungswelt tretenden Sprachen als ihre verborgene Seite wirkend und ergänzt die erklingende Seite der Sprache zu dem, was allein mit Recht eine bestimmte Sprache genannt werden kann. Denn was erklingt oder als Schrift in Erscheinung tritt, ist in sich, *ohne* den Innenakt des Sprechenden oder Hörenden, kein Zeichen, keine Sprache. Zum Zeichen, zur Sprache wird es durch das *Verstehen*, das im Sprechenden überbewussterweise da sein muss, wenn er den Satz formuliert oder – im Falle eines konventionellen Satzes – wenn er den Satz sinngemäß *anwenden* soll; dasselbe gilt für den Vernehmenden, der aus der Zeichenreihe die *Einheit*, die zu verstehen ist, rekonstruieren soll. Besonders klar ist diese verborgene Wirksamkeit auf beiden Seiten, wenn ein neuer Gedanke ausgedrückt wird, eine neue Idee, durch alte Wörter natürlich (neue würden zum Verstehen nichts beitragen). Hier ist die innere Tätigkeit mit Gewissheit erfassbar. Wie könnte man sonst Neues durch bekannte Wörter ausdrücken oder verstehen?

Die *Einheit*, der Sinn, das Eine, das jedem Satz als Inhalt innewohnt, eben *das*, was der Sprechende sagen will – das sind ja nicht die Worte –, wird durch die verschiedenen Sprachen auf unterschiedliche Weise in Wörter, in Zeichen zerbrochen und auf unterschiedliche Weise durch den ergänzenden Innenakt wieder rekonstruiert. Deshalb wird «dieselbe» Einheit, «derselbe» Sinn in verschiedenen Sprachen eine spezifische Farbe, Gefühls- und Willensnuance erhalten, wie das bei der Übersetzung anspruchsvoller Texte – zum Beispiel von Gedichten – stets zu erfahren ist.

Die verschiedenen Sprachen unterscheiden sich einerseits in dem Maß, wie weit ihr Inhalt in Erscheinung tritt beziehungsweise wie weit er durch Innenaktivität «erraten» werden muss, wie weit das Erscheinende ergänzt werden muss. Andererseits besteht ein Unterschied in dem *Wie* der Strukturiertheit beider Seiten der Sprache, die im Hinblick auf die Struktur (die sich in der Grammatik, in der Phonologie, in der Syntax ausdrückt) einander entsprechen. Der erscheinende Teil ist relativ klein bei den archaischen, groß bei den «modernen», beispielsweise den indogermanischen Sprachen. Umgekehrt verhält es sich im Hinblick auf die verborgene Seite. Man kann sich in der Fantasie die erscheinende Sprache immer kleiner vorstellen, dementsprechend wächst die «erratende» Innenarbeit und wird zugleich immer weniger strukturiert, immer kontinuierlicher, da der diskontinuierlich strukturierte Teil an Ausmaß abnimmt. Man kann sich als Extrem vorstellen, dass *nichts* in Erscheinung tritt. Dann bleibt *alles* für die Innenaktivität – das wäre das unmittelbare Verstehen. Dieses muss dem Erwerb der Sprachen menschheitlich und individuell vorausgehen, sonst könnte eine Sprache nie eine Menschengruppe, noch könnte das Kind die ersten Worte erfassen. Diese «stumme» Sprache könnte als die «Ursprache», als *die* Sprache angesehen werden. Die einzelnen Sprachen stellen stets Teilaspekte der Beziehungen dar, Stücke einer größeren Wirklichkeit, einzelne Farben einer größeren Einheit, die alle Möglichkeiten des Farbigseins in sich vereinigt.

Der Mensch muss das begriffliche Denken und Erkennen durch eine diskontinuierlich strukturierte Wortsprache erlernen. Heute ist sein Denken dabei, sich von der Sprache loszulösen; es wird ihm die Möglichkeit des *abstrakten*, sprachunabhängigen Denkens gegeben. Dieses abstrakte Denken – gleichsam der gemeinsame Nenner zwischen den verschiedenen Sprachen – ist ärmer an Qualitäten als eine natürliche Sprache, so wie die mathematische «Sprache» eine Präzisität auf Kosten der Qualitäten erlangt. Der Mensch könnte aber die Fähigkeit des sprachunabhängigen Denkens in die Richtung der «Ursprache», der Qualitätsbereicherung weiterbilden. Dazu wäre eine Bewusstseinsschulung notwendig. Er würde dadurch der *wirksamen*, magischen – weil nicht fragmentierten – Ursprache näherkommen.

Heilendes und pfingstliches Sprechen

Im Neuen Testament begegnen wir zwei Formen einer «mächtigen» Sprache: zum einen in den Heilungen des Logoswesens durch das Wort, zum andern im Pfingstereignis als allgemein, das heißt sprachunabhängig verständliches Reden der Jünger. Beide Arten werden durch die Jünger und in den Gemeinden in mehr oder weniger abgeschwächter Form wiederholt gebraucht; davon zeugen die Heilungen durch die Jünger sowie das «Zungenreden».

Die Heilungen und Dämonenaustreibungen durch das Logoswesen werden durch die «undifferenzierte Sprachkraft» vollbracht: «Äußerlich musste sich der Christus Jesus natürlich so ausdrücken, wie es in der Sprache derer war, die ihm zuhörten; aber was er als innerliches Wort vor seiner

Seele hatte, das war so, dass es nicht stimmte mit dem, wie die Sprachworte äußerlich geprägt sind, sondern dass es in sich hatte die verlorene Worteskraft, die undifferenzierte Sprachkraft. Ohne dass man sich eine Vorstellung bildet von dieser von den einzelnen differenzierten Sprachen unabhängigen Kraft, die im Menschen ist, wenn das Wort ihn ganz durchgeistigt, kann man nicht aufsteigen zu der Kraft, die in dem Christus lebte, und auch nicht zu der Bedeutung desjenigen, was eigentlich gemeint ist, wenn geradezu von dem Christus als von dem ‹Wort› gesprochen wird, mit dem er sich ganz identifiziert hat, durch das er wirkte, durch das er auch seine Heilungen und die Dämonenaustreibungen vollbrachte. Dieses Wort musste selbstverständlich verlorengehen; denn das liegt in der Entwicklung der Menschheit seit dem Mysterium von Golgatha. Es muss nur wieder gesucht werden, dieses Wort. Aber zunächst sind wir in einer Entwickelung darinnen, die noch nicht sehr viel Aussicht erweckt, dass man den Weg zurückfinden wird.»[48]

Die innere Rede, die sonst die Ergänzung der erklingenden Rede ist, war hier in der «ganzen» Sprache vollzogen, und *diese* Sprache heilte; das äußerlich gesprochene Wort bezog daraus seine Kraft, und es war nebensächlich, in welcher Sprache es erklang.

Zu Pfingsten geschah etwas Verwandtes. Was die Apostel äußerlich erklingen ließen, war «Zungenreden», eine Art Lallen, improvisierte Lautkombinationen, keine Wortsprache, die festgesetzte Formen hat. *Innerlich* ergänzten sie das Erklingende mit der *ganzen* Sprache, und *diese* bewirkte, dass die Zuhörenden sie verstanden, als ob ein jeder das Gesagte in der eigenen Sprache gehört hätte (Apg. 2,6): «Da nun diese Stimme geschah, kam die Menge zusammen und wurde bestürzt; denn es hörte ein jeglicher, dass sie mit seiner Sprache redeten.»

Das Lallen ist die ältere Form des Sprechens, auch in der Entwicklung des Kindes; es liegt dem Atem näher als dem geformten Wort, ist der Wind des Geistes, der aus der Wolke und dem in ihr aufgenommenen Sohne hervorgeht. Die völlig *individuelle* Begabung des Geistes, deren Bild die feurigen Zungen sind (Apg. 2,3), sichert zugleich die übersprachliche Gemeinsamkeit aller Menschen und Völker.

In diesem Phänomen ist die erscheinende Seite der Sprache offensichtlich von untergeordneter Bedeutung; das innere Geschehen ist das wichtige Element. Ist diese Innenaktivität nicht «ganz», das heißt nicht der «undifferenzierten Sprachkraft» entsprechend, dann müssen andere Gemeindemitglieder das Gesagte ergänzen, damit es verständlich werde (1 Kor. 14,13 und 18).

Das pfingstliche Geschehen bedeutet für den modernen Menschen eine Zielsetzung. Er lernt durch die Muttersprache die begriffliche Gliederung der Welt; dann entwickelt sich die Fähigkeit, ohne erklingende oder vorgestellte Wortsprache zu gliedern. Diese Tätigkeit nicht im untersprachlichen Abstrakten, sondern im übersprachlichen Lebendigen auszuführen ist die Praxis der geisteswissenschaftlichen Meditation. Die nicht-erscheinende «Sprache» erschließt nicht-erscheinende, das heißt durch Sinneswahrnehmung nicht-erreichbare Welten. Die nächstliegende dieser Welten ist die des lebendigen Erkennens oder des Lebens, die imaginative Welt.

Dadurch dass die Inhalte des Redens aus diesen sonst verschlossenen Welten geschöpft werden, kann die zum Ausdruck verwendete Sprache ihr nunmehr fast verlorenes Leben zurückgewinnen, denn sie stammt aus diesen

Welten. Das *Wesen* des menschlichen Wortes gehört nicht in die Welt der Sinneswahrnehmungen, ist auch in dieser nicht zu finden: Es ist der *Sinn* des Erklingenden. Eben deshalb kann das Wort der Sinneswahrnehmungswelt eine Struktur geben.

In der dreijährigen Geschichte Jesu Christi wurde der Menschheit und dem Menschen ein mächtiges Vorbild gegeben, das zugleich die Kräfte, ihm zu folgen, erschloss: durch die Anwesenheit des Logoskeimes in der Menschenseele. Auch die nachfolgenden Ereignisse des sich ausbreitenden frühen Christentums, wie sie in der Apostelgeschichte dargestellt werden, stehen unter der Ausstrahlung des Gekreuzigten und Auferstandenen, vermittelt auch durch die unmittelbaren Zeugen und später durch diejenigen, die in einer geraden Sukzession die «Geschichte» von den Zeugen und ihren Nachfolgern überliefert erhielten. So kann man sagen: Gerade die ungeheure Sehnsucht der Jünger nach dem, den sie aus der Sicht verloren hatten, der nunmehr zur Rechten des Vaters seinen Platz hatte, trug, unter anderem, zum Herankommen des Geistes an Pfingsten bei. Aber auch der Abgrund zwischen der Ebene des Alltagsbewusstseins und der des «Gegenwartsbewusstseins» (der imaginativen Ebene) war nicht so tief und breit wie heute und war auch nicht so mit den Gebilden des Unterbewussten erfüllt, wie wir es seit den Darstellungen der Romantik kennen.

Der neue Erkenntnisweg

Der Abgrund schützt das menschliche Seelenleben von den *direkten* Einflüssen von oben her, aus dem überbewussten Teil der Menschenwesenheit, durch den diese in das Übersinnliche hineinragt und mit ihm verbunden ist. So ist der Mensch nun von oben her frei. Seine Freiheit wird von den Kräften des Unterbewussten bedroht, das in dem Abgrund seinen Sitz hat und dem er jedes Mal begegnen muss, wenn er den Abgrund überschreiten will: Er muss sich mit dem eigenen negativen Wesen auseinandersetzen.

Um neue Lebensimpulse zu erhalten, muss der Mensch nun einen *Anfang* machen, einen ersten Schritt zu den Quellen hin. Das wird ihm durch den Logoskeim möglich, der durch die Fleischwerdung nunmehr auch auf dieser Seite des Abgrundes anwesend ist. Das Alltagsbewusstsein kann durch die zeitweilige *Berührung* der ewigen Wahrheit, die auf der Ebene des Gegenwartsbewusstseins zu finden ist, durch gedankliche Intuition also, wissen, was zu tun ist, was der erste Schritt im Anfang sein soll.

Dadurch dass der Logos auf beiden Seiten des Abgrundes heimisch wurde, kann sich die Bewusstseinsseele entfalten und das Reflektieren des Bewusstseins auf sich selbst stattfinden. Damit ist das Paradoxon der Annäherung einer Lehre, die über die *gegebene* Bewusstseinsebene hinausgeht, aufgehoben und gelöst; die Berührungsmöglichkeit der höheren Ebene ist die Lösung; früher bedurfte der Mensch einer *Entrückung*; er musste das Alltagsbewusstsein ablegen, um verstehen zu können, was die Überwindung des gegebenen Bewusstseins erfordert.

Die Bewusstseinsschulung wird damit individuell und in die Hand des einzelnen gelegt. Es kann und muss beim

Denken als bei der lichtesten Fähigkeit der Seele beginnen, wie es in jeder Epoche geschehen ist – nur war nicht immer das Denken die hellste Seelenfähigkeit. Das Denken ist selbsterfahrend: Es weiß und versteht unmittelbar und unvermittelt, was es gedacht hat. Diese Eigenschaft ist es, wodurch das Denken auf dem direktesten Weg zum Ich-bin-Erlebnis führen kann; das ist immer eine Begegnung der Aufmerksamkeit mit sich selbst.

Der neue Erkenntnisweg ist eine praktische Konsequenz der Fleischwerdung: der neue Weg zur Erfahrung der geistigen Wirklichkeit. Er besteht im großen ganzen aus zwei Gebärden: Durch die *Konzentration* wird die intentionale – auf ein Thema gerichtete – Aufmerksamkeit so gestärkt, dass sie wie von sich aus in die zweite Gebärde der empfangenden Aufmerksamkeit, die *Meditation*, die Gebärde des Bettlers, der Armen, übergehen kann. In die empfangende Kelchform der inneren Stille kann die neue Einsicht, der neue Impuls hineinfinden.

Die Auflösung

Die gegebene alltägliche Welt wird jeweils durch das Begriffssystem aufrechterhalten, in dem das Bewusstsein heimisch ist und das in früheren Zeiten mit dem Wortsystem und der sprachlich gegebenen Strukturierung der Welt identisch war. Um ein «Überwechseln» in andere Welten zu ermöglichen, musste man in vorchristlichen Schulungsmethoden auf die gewöhnliche Denk- und

Wahrnehmungsweise verzichten, auf den inneren Dialog, das Benennen und Einreihen des Erfahrenen in das «Inventar» – es musste innere Stille, ein leeres Bewusstsein hergestellt werden. Das wurde dadurch erreicht, dass auf das vorhandene Bewusstsein drastisch – durch körperliche Maßnahmen, Atemveränderung, Substanzen und so weiter – eingewirkt wurde. Das Resultat war ein Versetztwerden in einen dem gewöhnlichen Bewusstsein fremden Zustand, der gleichsam durch ein Kippen erreicht wurde, nicht durch einen kontinuierlichen Weg.

Die Erweiterung des Bewusstseins auf dem modernen, aktuellen Weg fängt bei den *Grenzerfahrungen* an, die für die Struktur der Bewusstseinsseele möglich sind: Die Grenzen des Bewusstseins werden graduell hinausgeschoben, die Bewusstheit ausgedehnt. So bleibt der Zusammenhang mit der Alltagswelt auch bei der Wandlung der Erlebnismöglichkeiten aufrechterhalten, indem die Alltagsanschauung in eine umfassendere Welt eingegliedert, in sie aufgelöst, durch sie «erklärt», aufgehellt wird. Durch das Erhöhen der Bewusstseinsebene werden die Inhalte der beschränkteren Erfahrungen zu Zeichen, die man zusammenlesen, von oben her verstehen lernt. Das Bild dieses Weges ist ein Kreis, der konzentrisch über sich hinauswächst; das Symbol der älteren Wege könnten Kreise sein, die ungefähr gleich groß sind oder auch nicht, aber mit dem Kreis des gewöhnlichen Bewusstseins keinen Zusammenhang haben.

Liebe Leserin, lieber Leser,

mit dieser Karte können Sie uns Ihre Fragen und Wünsche
oder Ihre Meinung zum Buch mitteilen.

Diese Karte entnahm ich dem Buch: ______________________________

Meine Meinung zu diesem Buch:

Ich habe folgende Fragen / Wünsche:

☐ **Ich bin damit einverstanden, dass meine Meinung eventuell veröffentlicht wird.** (Ggfs. bitte ankreuzen!)

Die Wandlung im Begriffsleben

Die Auflösung der Welt des Alltags geschieht auch auf dem modernen Schulungsweg durch einen Verzicht auf das gewohnte Begriffssystem, aber in der Weise, dass die Begrifflichkeiten erweitert und dadurch zu neuen, höheren Begriffen werden. Das bedeutet, dass die «alten» Begriffe auf die neuen Erfahrungen, auf die neuen Phänomene *nicht anwendbar* sind. Die Gefahr der Anwendung tritt oft auch in der Form auf, dass die mitgeteilten Ergebnisse von gesteigerten Fähigkeiten mit diesen Fähigkeiten selbst verwechselt werden. Besonders oft wird inadäquates Erkennen ausgeübt, wenn es um menschliche Probleme, Fragen und Beurteilung menschlicher Situationen geht; denn ein jeder Mensch ist in seinem wahren Wesen so individuell, dass stets neue Begriffe zu bilden notwendig wäre, um ihn und seine spezifischen Probleme wahrheitsgemäß verstehen zu können. Da ist kein Typus-Denken, keine allgemeine Begrifflichkeit angebracht. Selbst dasselbe Individuum kann sich von einem Tag zum andern so verändern, dass man immer neue Ideen erfassen und nie mit den alten arbeiten sollte, auch dann nicht, wenn diese sich einmal bewährt haben. «Diagnose» im Sinne des Typischen ist im Hinblick auf den Menschen nie adäquat (Karl König).

Die Erweiterung der Ideen geht einerseits in die Richtung der Urbedeutung der Worte, durch die die Ideen bezeichnet werden, andererseits in die Richtung des erkennenden Fühlens, das die Bewegung, die die Idee in ihrer wahren Wesenheit ist, lenkt und steuert.

Die Hinbewegung nach der Urbedeutung der Worte beginnt mit einer Besinnung auf sie, wodurch das sonst sprachunabhängig sich bewegende abstrakte Denken wieder mit der Sprache verbunden wird. Dieser Weg wurde in der neueren Philosophie – zum Beispiel durch Heidegger – oft versucht. Nehmen wir gerade das Wort und die Idee «neu». «Neu» bedeutet «immer neu», das heißt, es kann nie «Verwendung» stattfinden, denn etwas, was angewendet wird, ist schon da, und im «Neuen» kann keine Rücksicht genommen werden auf etwas, das schon da ist, keine «Folgerung» hilft, sondern allein die intuitive Bewegung des Erkennens, die sich andauernd erneuert, nie zu einem Stillstand kommt. Der Vergleich, durch den die Neuigkeit *festgestellt* wird, nimmt Bezug auf die Vergangenheit, was in der intuitiven Bewegung selbst nicht möglich ist. So kann man auch das einmal schon Gefundene paradoxerweise neu-denken, durch volle Konzentration auf das Thema, die keinen Vergleich, keinen Blick auf das Gestern erlaubt. «Dasselbe» existiert in der Bewegung der Intuition nicht, nur im Rückblick, der nicht mehr intuitiv sein kann. Auch so ist «Dasselbe» nur relativ gemeint, eigentlich ist es unmöglich *einen* Gedanken *zweimal* zu denken. «Neu» ist selbst eine Intuition; die Besinnung auf die eben vernommenen Gedanken können zu ihr verhelfen, sind aber nicht sie selber.

Aus der – gewöhnlich überbewusst bleibenden – Urbedeutung wird der Gebrauch der Wort-Idee in den verschiedenen Anwendungen möglich.

Da die jeweiligen wahrnehmenden Sinne nur durch Begrifflichkeiten belehrt funktionieren,[49] kann man nichts *Neues* wahrnehmen, wenn nicht auch eine neue Begrifflichkeit erfasst wird – man kann höchstens Ungewöhnliches wahrnehmen, das man gezwungenerweise versucht, durch bekannte alte Begriffe zu verstehen.

Die Wandlung der Begriffe in der Bewusstseinsschulung

kann auch so aufgefasst werden, dass die Wort-Begrifflichkeiten ihren einstigen breiteren und tieferen Sinn, mit der sie in der Sprache angelegt worden sind, zurückgewinnen. Damit ist auch die Richtung zu ihrem nicht-dualistischen Sinn gemeint. In dem Beispiel des «Neuen» bedeutet dies das nunmehr durch die Schulung erzielte *bewusste* Miterleben der eigenen Rolle in der Intuition, dass «neu» nur für ein Subjekt einen Sinn hat, das Subjekt aber im Erleben mit der Idee eins ist, da die Idee eine Bewusstseinsbewegung ist. Ebenso auch mit allen anderen Ideen. Dies war im mehr archaischen Bewusstsein implizit miterlebt, aber ohne Bezug auf das dualistische Erfassen, durch welches Subjekt und Objekt erst produziert werden und das erst durch die Struktur der Bewusstseinsseele völlig gegeben wurde.

In der Auflösung des jeweils gegebenen Begriffssystems hat das Wortlose eine zentrale Rolle: Das wortlose Denken, Verstehen, Wahrnehmen, die Fähigkeit, ohne Worte strukturieren, gliedern zu können. Der Mensch wird durch das Leben seines Bewusstseins zunächst in den Worten, in seiner Sprache, in das Begriffssystem des Gewohnten eingebunden, auch wenn das Denken sich von der Sprache emanzipiert hat, falls das Unabhängigwerden des Denkens in der Richtung der Abstraktion, das heißt *unterhalb* der Sprachen erfolgt. Dann sind die Begriffe inhaltsärmer als die sprachgegebenen, gleichsam die gemeinsamen Nenner der Sprachbegriffe. Die Loslösung des Denkens von der Sprache kann aber in die Richtung des Übersprachlichen gehen, in die der Ursprache, in welcher die lautlosen wahren *Namen* der Dinge existieren, die Sprache der Schöpfung. *Das* ist die Richtung des wahren Übersprachlichen im Zeitalter des Geistes.[50]

Der Widerstand

Das gesunde Bewusstseinsleben hat an sich die Tendenz, sich zum Improvisieren hinzuentwickeln, mit jeweiliger Auflösung des schon Gegebenen und Erreichten, ohne dass diese ein Abbrechen der Kontinuität bedeuten würde. Die schon gemachten Erfahrungen werden nicht vergessen, die «Gesetze» des Alten Testaments durch das Neue nicht getilgt; nur stützt sich die neue Haltung nicht auf die *Ergebnisse* der Vergangenheit, sondern auf die *Fähigkeiten*, die auf dem Boden der Erfahrungen erwachsen sind.

So erinnert sich der Erwachsene nicht, wie er als Kind die einzelnen Buchstaben zu lesen und zu schreiben gelernt hat, sondern er *kann* lesen und schreiben. «Moralische Intuition» bedeutet ein improvisierendes Können im Auffinden und Beurteilen des Hier-und-Jetzt-Moralischen, ein Können, das die alten moralischen Gesetze, auch das Gewissen, in sich aufgenommen hat, so dass sie gegebenenfalls produziert werden können. Gegen solche Entwicklung kommen – individuell und kollektiv – gewaltige Widerstände in der Seele auf.

Äußerlich gesehen entstehen die Widerstände aus Bequemlichkeit und Angst. Vielleicht ist sogar die Angst das primäre Gefühl dabei. Sie entsteht, wenn die Ichheit ihre äußeren Stützen zu verlieren droht und noch nicht stark genug ist, ohne diese sich aufrecht zu halten. Die Sprache und das Begriffssystem, das sie darbietet, später das sprachunabhängige abstrakte Begriffssystem ersetzen beim Menschen vorläufig seine eigene Ich-Form: Das ist ihre Rolle, das Ich dahin zu führen, aus den vorgegebenen und vorläufigen Formen einst eine eigene plastische Form zu bilden, die dem improvisatorischen Wesen entspricht.

Geht der Weg der Seele nicht in diese Richtung, so droht jede «Auflösung» damit, dass die begriffliche Ordnung und Stabilität der Welt, das Gegebene, verloren gehen und die Stützen des Ich wegfallen. Daraus erwächst die Angst. Sie sagt gleichsam: «Ich bin nicht.» Das ist letztlich ihr Inhalt.

Das Ich versucht dadurch zu helfen, dass es die neuen Erfahrungen mit den schon gegebenen, erworbenen Begriffen bewältigen will, wodurch meistens das Wesentliche dieser Erfahrungen verfehlt wird. Menschheitlich gesehen entsteht aus dieser Lage das Bestreben, die Sicherheit des Urteils im Hinblick auf Wahrheit, Güte, Schönheit an äußere Merkmale dieser Werte zu binden. Wie werden wahre «Sätze», logische Urteile und so weiter konstruiert? Es ist bekannt, dass diese Fragen das philosophische Bestreben in den letzten Jahrzehnten, eigentlich aber schon viel früher weitgehend bestimmt haben. Daraus entstanden die Tendenzen, das Denken zu formalisieren, wodurch seine «Richtigkeit» gesichert sein sollte, die Versuche, eine eindeutige Sprache zu schaffen und anderes. Es ist auch bekannt, dass diese Bestrebungen durch innere Widersprüche zusammengebrochen sind. Dabei wurde das größte Paradoxon gar nicht bemerkt, dass nämlich das Regulieren des Denkens durch ein noch nicht reguliertes Denken geschehen muss und dass zur Schaffung einer eindeutigen Sprache schon eine eindeutige vorhanden sein muss, um die notwendigen Konventionen eindeutig vereinbaren zu können.

Alle diese Bestrebungen würden, falls sie ihr Ziel erreichen könnten, die Entstehung neuer Begrifflichkeiten, neuer logischer Wendungen ausschließen und damit eine innere und äußere «Welt» ein für allemal festlegen. Primitiver, mehr auf der psychischen Ebene ausgelebt, bedeutet diese Haltung Autoritätssucht.

Gemeinsam ist allen Variationen der «verwendenden» Seelenhaltung – im Gegensatz zu der «improvisierenden» –, dass die Sicherheit in äußeren, das heißt sinneswahrnehmbaren Merkmalen gesucht wird, da die *Quelle* der Sicherheit, das Evidenzgefühl, auf dem alles Logische gründet – oder das Schönheitsgefühl im Ästhetischen – nicht bemerkt oder vergessen wird. Da sich das erkennende Fühlen in diesem Fall nicht nach Ideen artikulieren kann, löst sich die Gefühlskomponente des Erkennens von dem Verständnisprozess los und wird in dieser Selbständigkeit zu einem gemischten Erlebnisbereich: Gemischt aus Selbstempfinden, ahnendem Fühlen, stets mehr durch Egoität gefärbt. Im Menschen, der das neue Phänomen durch Verwendung alter Begrifflichkeiten zu erfassen sucht, lebt dann der Anspruch auf das «Gefühl», auf das gefühlsgesättigte Erkennen auf, weil die nicht-adäquaten Begriffe ihre obere Fortsetzung im Fühlen nicht in Bewegung setzen können; das fehlt und geht verloren. So wird das Gefühlsleben vom Ideenleben getrennt und auch getrennt gesucht: als Wärmebett für die nichterkennenden, subjektiven, egoistischen Emotionen.

Es ist nicht zu verkennen, dass die Sprachen mit ihren *bestimmten* Wörtern der Neigung zur Bequemlichkeit im Bewusstseinsleben entgegenkommen, da man sich an die erscheinenden Zeichen *erinnern* kann und muss, sie wiederholen kann, anstatt jeweils intuitiv Zeichen samt Bedeutung neu zu schaffen. Der Neigung zur Bequemlichkeit verfällt der Mensch um so mehr, je mehr sich die erscheinenden Zeichen verselbstständigen, das heißt die sie ergänzende Innenaktivität immer schwächer wird. Gerade gegen diese Neigung müsste der geistig Strebende ankämpfen. Das Ziel dieses Kampfes wird zunächst im *wortlosen* Denken-Können einer Aussage, eines Satzes erreicht, das der Beginn oder die Vorbedingung der Meditation ist. Den Anfang dieses Kampfes bildet die bewusste Vermeidung des verallgemeinernden, typisierenden, aus dem Erinnerten stammenden Pseudodenkens im Hinblick auf geistige und seelische Phänomene.

Die Zeichen

Die Sicherheit im Erkennen, im Ästhetischen und Moralischen kann nicht im Sinneswahrnehmungsbereich gesucht werden, das vom intuitiven Denken abgetrennt zu sein scheint, da dieser Wahrnehmungsbereich mit seiner Gliederung ohne Begrifflichkeiten gar nicht existiert. Das zeigt sich schlagend in der Behauptung der neueren Wissenschaftslehre, wonach induktiv keine Erkenntnissicherheit gewonnen werden kann, da man nicht «jeden Fall» empirisch untersuchen und prüfen könne, und andererseits das Denken nur auf dem formalen Gebiet (Logik, Mathematik) verlässlich sei. So ist die Empirie auf die Sinnesdaten beschränkt, wobei nur nicht bemerkt wird, dass auch diese nicht ohne Begrifflichkeiten gegeben werden – bloß dass die entsprechenden Begriffe höherer Art und deshalb der Aufmerksamkeit entschlüpft sind.

Das Suchen der Sicherheit im «Zeichen» hat seine Wurzel in der Verunsicherung des Denkens im Hinblick auf sich selbst. Diese Verunsicherung ist selbstaufhebender Natur, es ist ja wieder nur das Denken, das die Unsicherheit feststellt und behauptet. Ihr realer Grund liegt darin, dass in der Struktur der Bewusstseinsseele bloß das Gedachte bewusst wird, während seine Quelle, der Prozess des Denkens, ins Überbewusste gerückt und nicht miterlebt wird. Das Miterleben würde die Sicherheit gewährleisten; ohne diese Erfahrung bleibt als innere Norm des Denkens bloß das Fühlen der Evidenz, und dieses ist in der Tat unsicher, auch weil es mit nichterkennenden Emotionen vermischt ist.

Die Verunsicherung im Denken könnte nur durch die willentliche und bewusste Ausbildung des imaginativen oder lebendigen Denkens aufgehoben werden. Den Weg in diese Richtung einzuschlagen liegt in der Freiheit des Menschen. Daher kann seine Wahl auch in die entgegengesetzte Richtung gehen: Ein regressiver Weg der Erwartung, dass die Sicherheit durch äußere Zeichen, durch eine «sichere» Lehre, durch eine Autorität *gegeben* wird, wie einst die Begrifflichkeiten samt ihrem Prozess, das Wahrnehmen *mit* den entsprechenden Begriffen. Daher die Sucht nach einer «unfehlbaren» Autorität, die sich nie irren darf, wobei ihre Unfehlbarkeit zugleich und eigentlich die der Nachfolgerschaft ist, durch die jene Autorität gefunden, *ihre* Unfehlbarkeit festgestellt und dann festgehalten wird. Das ist der Weg der Bequemlichkeit, die sich die innere Aktivität ersparen will, obwohl die Erfahrung zeigt, dass selbst ein einfacher Begriff nicht ohne weiteres «gedacht», sondern nur im Aufblitzen erlebt werden kann, gleichsam als «Geschenk» von der Ebene, auf der die Sicherheit urständet und die bewusst zu erfahren wäre, wenn man die Sicherheit wieder erlangen will.

Zeichen zu suchen heißt eigentlich Mechanismen zu suchen. Denn Zeichen sind nur für den, der sie als Zeichen nimmt, das heißt als Anweisungen für das ergänzende innere Tun. Stattdessen werden weithin gerade solche Wahrnehmungen gesucht, die bei Ersparung dieses inneren Tuns auf dem jeweiligen Gebiete doch Sicherheit bieten sollen. Diese Haltung wird im Neuen Testament mehrfach dargestellt. Einerseits fordern die Pharisäer Zeichen, um sich der Persönlichkeit des Herrn zu versichern, andererseits werden die gegebenen Zeichen als vom Teufel stammend, als ungültig betrachtet und ausgelegt.[51] «Es wird diesem Geschlecht kein Zeichen gegeben» – darin kann das Urteil über die Zeichensuchenden zusammengefasst werden, denn sie wollen ja die Zeichen nicht *verstehen*, also wollen sie eigentlich keine *Zeichen*, sondern völlig *gegebene* Sicherheit.

Das Neue

Dass der Mensch Neues, neue Ideen, Kunstwerke, neue moralische Impulse hervorbringen kann, weist auf seine stets mögliche Verbindung mit dem schöpferischen Prinzip der Welt, mit dem Logos hin. Wenn das Wortwesen in ihm zu wirken beginnt, zum Ausdruck kommt, ist es fähig, die Weltschöpfung fortzuführen; insofern ist es die einzige Quelle, der einzige Keim einer Zukunft. Dem entspricht eine Wandlung im Menschen, in der die Lenkung, die Orientierung seines Lebens von dem *natürlichen Men-*

schen – seinen *Leibern*, vom physischen bis zum Seelen*leib* – auf den *oberen*, geistigen Menschen übergeht, der aus freien Kräften um das wahre Ichzentrum besteht. Diese Kräfte haben in dem natürlichen Menschen *Formen* angenommen, das Geformtsein erlitten; nun wird der *nous pathetikos* des Aristoteles vom *nous poietikos*, dem poetischen, schaffenden Menschen beherrscht und aus den Händen der Schöpfermächte übernommen.

Der Ausdruck, der darauf hinweist, «neue Schöpfung», kommt in den Paulus-Briefen vor (2 Kor. 5,17): «Ist daher jemand in Christo, so ist das neue Schöpfung (oder: so ist er eine neue Kreatur); das Alte ist vergangen, siehe, es ist alles neu geworden.» Der letzte Satz ist eine direkte Berufung auf Off. 21,5: «Siehe, ich mache alles neu», das gleichsam das Losungswort für den modernen Menschen sein könnte oder das Wort des idealen, improvisierenden Menschen.

Was «in Christo sein» bedeutet, wird in dem vorangehenden Vers (2 Kor. 5,16) ausgesprochen: «Darum kennen wir von nun an niemanden nach dem Fleisch.» Ebenso im Römerbrief (8,1): «So ist nun nichts Verdammliches an denen, die in Christo Jesu sind; die nicht nach dem Fleisch wandeln, sondern nach dem Geist.» Stark wird die Verlagerung des Lebens-Schwerpunktes vom Leiblichen in das Geistige im Galaterbrief betont, wo der Ausdruck «neue Schöpfung» in demselben Zusammenhang steht.[52]

Die Geschichte des Manna (2 Mos. 16,8-36) ist eine Parabel auf die Unmöglichkeit, Geistiges, «geistige Inhalte» zu konservieren, ja zu «haben»; sie müssen stets erneuert, neu «gesammelt» werden. Ansonsten werden sie zum Giftstoff, der das Leben des Geistes in seiner immer improvisierenden, Neues schaffenden Art zum Stocken bringt und dem Untergehen weiht. So ist zu lesen (2 Mos. 16,16-20): «Das ist's aber, was der Herr geboten hat: Ein jeglicher sammle, soviel er für sich essen mag, und nehme ein Gomer auf ein jegliches Haupt nach der Zahl der Seelen in seiner Hütte. Und die Kinder Israel taten also und sammelten, einer viel, der andere wenig. Aber da man's mit dem Gomer maß, fand der nicht darüber, der viel gesammelt hatte, und der nicht darunter, der wenig gesammelt hatte; sondern ein jeglicher hatte gesammelt, soviel er für sich essen mochte. Und Mose sprach zu ihnen: Niemand lasse etwas davon übrig bis morgen. Aber sie gehorchten Mose nicht. Und etliche ließen davon übrig bis morgen; da wuchsen Würmer darin, und es ward stinkend. Und Mose ward zornig auf sie.»

Auf dem Gebiet des Seelisch-Geistigen gibt es kein «Haben». Es gibt auch kein «Sich-Berufen» auf etwas, auf Vergangenheit, Geschehnisse, Prinzipien. Denn auf diesem Gebiet der Unvergangenheit gibt es kein «Etwas». Die Ergebnisse einer Fähigkeit dürfen nicht verwechselt werden mit der Fähigkeit selbst – und auf der Ebene des Lebens oder der Gegenwärtigkeit gelten allein Fähigkeiten. Das «Gestern» darf nur als Fähigkeiten weiterwirken.

So besteht das Sein in dieser Sphäre im andauernden Verzichten auf das Eben-Errungene, im Suchen-Bleiben, im steten Überwinden des Gefunden-Habens, im immerwährenden Werden. Wer «hat», «gefunden hat», wer nicht verzichtet, fällt aus diesem Bereich heraus. In der *Armut* sein, in der Armut bleiben ist die einzige Art, in der Gegenwärtigkeit zu weilen. Denn nur die Armut hat die Anziehungskraft für das Immerneue.

Die Armut aus Verzicht ist natürlich eine ganz andere – positive – als die, in der sich der Mensch ohne eigene Zustimmung einfach durch die Bewusstseinsentwicklung befindet, hat diese doch dazu geführt, dass er keine Autonomie auf den Gebieten des Fühlens und Wollens hat und dass diese Seelenfunktionen im Laufe der Zeiten ihren erkennenden Charakter verloren haben. Und doch, oder eben deshalb, erlebt der Mensch eine tiefe Sehnsucht nach dem Oberland des Fühlens, aus dem er ausgeschlossen wurde.

Der Mensch kann sein Denken artikulieren oder sich im Denken artikulieren, weil dieses Denken, das innere Wort, frei geworden ist von seiner Erzieherin, der Sprache. Er kann sich in gewissen Grenzen im Denken in Freiheit bewegen, und von Zeit zu Zeit gelingt es, die Grenzen dieser Fähigkeit durch die Intuition von neuen Begriffen zu erweitern. Das ist die höhere, ursprünglichere Fähigkeit, durch die das Artikulieren erst möglich wird. Wahrhaftiges Denken ist konzentriert und dadurch improvisierend; denn niemand kann sagen, was er im nächsten Augenblick denken wird, und in der Konzentriertheit hat die Aufmerksamkeit keine Möglichkeit, nach Vorbildern, Mustern, Vergangenem zu schauen.

Das improvisierte neue Denken wird durch ein Gefühl geleitet und orientiert: die Evidenz. Das ist die heute überbewusste Wurzel des Denkens nach oben. Dieses aus dem Überbewussten an das Bewusste herangrenzende Fühlen macht die Freiheit des Menschen möglich, die im Denken gründet: Sofern sein Denken frei ist, können seine Taten frei sein. Sind die Taten nicht frei, so werden sie von oben her oder von unten her, aus dem Überbewussten oder

Unterbewussten, unmittelbar gelenkt. Das Denken ist zunächst die Möglichkeit zum bewussten Übergang in den Bereich des Überbewussten, weil es von dorther stammt.

Einst war der Mensch im Denken passiv, es wurde ihm gegeben. Das gegebene Wort enthielt und verband ursprünglich den Willen, das Gefühl und den Gedanken in einer Einheit. Wille und Fühlen waren erkennend und enthielten jeweils die niedrigen Seelenfunktionen: der Wille die beiden anderen, das Fühlen und Denken. Dem Loslösen des Denkens von der Sprache ging die Verzweigung des Willens zum Eigenwillen und dann des Fühlens zur Selbstempfindung voran. Das Gefühlsleben wurde durch die Loslösung von der Ideenwelt nichterkennend, chaotisch und ungewollt; der Mensch hat in ihm keine Autonomie, es passiert mit ihm. Er kann im Fühlen nicht artikulieren oder improvisieren, wie er es im Denken vermag.

Gerade das freie erkennende Umgehen mit dem Fühlen wäre das Denken des Herzens, falls man darunter eine Idee versteht, keine sentimentale oder emotionale Erregtheit. Und weil im erkennenden Fühlen «Denken» und «Wahrnehmen» eins werden, konnte Paulus von den Augen des Herzens sprechen (Eph. 1,18): «Und er erleuchtete die Augen eures Herzens, dass ihr erkennen möget, welche da sei die Hoffnung eurer Berufung.»[53] Das Urorgan des Wahrnehmens war in der archaischen Menschheit und ist beim heutigen Kind das Fühlen. Man kann auch die Blitze aus dem erkennenden Fühlen als Herzensgedanken ansehen, wie man die Blitze aus dem lebendigen Denken als «Intuition» bezeichnet.

In dem heutigen Gefühlsleben sind erkennendes Fühlen und selbstempfindende Gefühle – das heißt Emotionen – vermischt, wobei den Emotionen unstreitbar eine

Prädominanz zukommt. Emotionen sind diejenigen Teile des Gefühlslebens, die sich vom Ideenleben losgelöst haben; «Fühlen» ist erkennendes Erfahren im Gefühl. Beide Arten sind in sich leibfrei, wie auch das Denken, und beide bedürfen im Alltagsbewusstsein eines körperlichen Trägers oder Spiegels wie das Denken des Gehirns. Der Leibesapparat für das Fühlen ist das rhythmische System in seiner Lebensstruktur,[54] das heißt nicht in seiner physischen Beschaffenheit, sondern in den feinen Rhythmusveränderungen. Deshalb – weil der Spiegel nicht physisch ist, wie für das Denken das Gehirn – werden die Gefühle meistens nicht scharf, sondern traumartig erlebt. Durch die Korruption der menschlichen Konstitution[55] greift die Emotion auf den physischen Leib über. Sofern die freien – seelischen – Empfindungskräfte sekundär in untermenschliche Formen geronnen sind, was der Bildung des psychologischen Unterbewussten entspricht, ist das Herz der Resonanzkörper der Emotionen.

Das Herz in der Bibel

Aus diesem Grunde sprechen das Alte und das Neue Testament in verwerfendem Sinne über das Herz. Schlägt man eine Konkordanz beim Stichwort «Herz» auf, findet man kaum positive Aussagen. So heißt es (1 Mos. 6,5): «Da aber der Herr sah, dass der Menschen Bosheit groß war auf Erden und alles Dichten und Trachten ihres Herzens nur böse war immerdar ...» Oder (1 Mos. 8,21): «Ich will hinfort nicht mehr die Erde verfluchen um der Menschen willen; denn das Dichten des menschlichen Herzens ist böse von Jugend auf …» Aus dem Neuen Testament lese man Matth. 15,18-19: «Was aber zum Munde herausgeht, das kommt aus dem Herzen, und das verunreinigt den Menschen. Denn aus dem Herzen kommen arge Gedanken: Mord, Ehebruch, Hurerei, Dieberei, falsch Zeugnis, Lästerung.»[56] Dagegen wird selten etwas Positives über das Menschenherz gesagt. Eine solche Stelle ist die oben zitierte Paulus-Stelle oder im Alten Testament die berühmte Voraussage bei Jeremias (31,31) über den neuen Bund: «Ich will mein Gesetz in ihr Herz geben und in ihren Sinn schreiben.»

Die Emotionen, die wir nicht willentlich entstehen lassen, die erlittenen Gefühle, die uns überkommen, zeigen an, dass wir im Fühlen keine Autonomie haben; es wollen in ihm andere Mächte, nicht wir. Wenn das im Denkleben passiert, wird es als Erkrankung bezeichnet. Aus diesem Bewegtwerden durch letztlich fremde Mächte – wenn auch durch die Gewöhnung und durch eine missverstehende Psychologie die sogenannten sekundären Instinkte oft als Normalität aufgefasst werden – kann sich der Mensch nur durch die Kultivierung und Erübung des erhöhten Erkennens befreien.

Eine Idee ist die Bewegungsgebärde des Verstehens – eines spezifischen Verstehens –, die sich vollzieht. Jede Bewegung erzeugt Fühlen oder entspringt aus Fühlen; Wahrnehmen ist im Grunde Fühlen, und die verschiedenen Sinne sind ursprünglich Abwandlungen, durch selektive Aufmerksamkeit spezifisch gewordene Arten des Fühlens. Die Wirklichkeit *ist* nicht, sie *geschieht* als Werden, Bewegung, Geschehen. So auch das Denken oder das Wahrnehmen, in ihrem Zeitwortcharakter kaum erfahren. Steigt das Bewusstsein vom Gedachten zum Denken, vom Wahrgenommenen zum Wahrnehmen, so kommt es dem Fühlen in der Bewegung näher, sein Durchscheinen wird mehr und mehr vernehmbar. Daher geht der Weg zum erkennenden Fühlen durch das lebendige Denken und Wahrnehmen – namentlich durch ihre Erfahrung –, wo sie noch Vorgänge und keine Produkte sind.

Die Wärme des Denkens

Lebendiges Denken und Wahrnehmen bedeuten, dass die Prozesse des Ideenvernehmens nicht erst am physischen Gehirn gespiegelt, sondern an einem lebenden Aufmerksamkeitsspiegel bewusst werden. Diesen Spiegel erzeugt der Mensch durch seine Bewusstseinsübungen immer wieder und dem zu erkennenden Thema entsprechend. Die Prozesse sind in jedem Erkenntnisakt anwesend; der Unterschied zwischen dem alltäglichen und dem lebendigen oder imaginativen Erkennen liegt darin, dass der Prozess im Menschen «früher», auf einer höheren – lebendigen – Ebene bewusst wird, bevor er den physischen Spiegel erreicht.

Durch das Gespiegeltwerden am Gehirnapparat, durch diese Art des Bewusstwerdens wird das gespiegelte Ergebnis des Erkennens von seinem Verständnis-Vorgang abgetrennt; dieser wird nicht bewusst erfahren. Als Folge werden die Begriffe und Ideen nicht *erlebt*; denn sie sind

Verstehensakte, Prozesse. Der Versuch, eine reine Idee zu «denken», wird zunächst, wenn das Bewusstsein nicht durch Übung erstarkt ist, scheitern, wie es im Laufe der einfachen Konzentrationsübung zu erfahren ist.[57] Dadurch, dass nur das Resultat des Denk- und Erkenntnisprozesses bewusst wird, wird dasselbe immer mehr verunsichert; daher – wie schon geschildert – die Suche nach den äußeren Zeichen für «gesichert» richtige Urteile. Wäre der Prozess erlebt, dann würde man auch bemerken, wo er *nicht* in einem Verstehen urständet oder in ein solches einmündet, das heißt, man würde scharf zwischen Scheinbegriffen und wahrhaft verstandenen Begriffen unterscheiden können.

Der Übergang vom Denken zum Erleben des Denkens ist die primäre Gebärde des Bewusstseins in seiner Wendung zur Geisteswissenschaft und bildet auch den Eingang in diese.[58] Dieser Vorgang wird auch im Hinblick auf seine Auswirkung auf das Fühlen mehrfach und eingehend in den Grundwerken der Geisteswissenschaft geschildert. So liest man bei Rudolf Steiner in «Goethes Weltanschauung» (im Kapitel «Persönlichkeit und Weltanschauung»): «Die einseitigen Mystiker verachten die Klarheit der Ideen. Sie halten diese Klarheit für oberflächlich. Sie ahnen nicht, was Menschen empfinden, welche die Gabe haben, sich in die belebte Welt der Ideen zu vertiefen. Es friert einen solchen Mystiker, wenn er sich der Ideenwelt hingibt. Er sucht einen Weltinhalt, der Wärme ausströmt. Aber der, welchen er findet, klärt über die Welt nicht auf. Er besteht nur in subjektiven Erregungen, in verworrenen Vorstellungen. Wer von der Kälte der Ideenwelt spricht, der kann Ideen nur *denken*, nicht *erleben*. Wer das wahrhafte Leben in der Ideenwelt lebt, der fühlt in sich das Wesen der Welt in einer Wärme wirken, die mit nichts zu vergleichen ist. Er fühlt das Feuer des Weltgeheimnisses in sich auflodern.»[58a]

Die Wärme, die da scharf unterschieden wird von den «subjektiven Erregungen», ist dieselbe, die dem Denken die Kraft leiht, «in die Erscheinungen der Welt unterzutauchen», wie es im Zusatz von 1918 zum Kap. VIII der «Philosophie der Freiheit» zu lesen ist: «Aber wer sich dazu bringt, das *Leben im Denken* wahrhaft zu haben, der gelangt zur Einsicht, dass dem inneren Reichtum und der in sich ruhenden, aber zugleich in sich bewegten *Erfahrung* innerhalb dieses Lebens das Weben in bloßen Gefühlen oder das Anschauen des Willenselementes nicht einmal verglichen werden kann, geschweige denn, dass diese über jenes gesetzt werden dürften … Keine andere menschliche Seelenbetätigung wird so leicht zu verkennen sein wie das Denken. Das Wollen, das Fühlen, sie erwärmen die Menschenseele auch noch im Nacherleben ihres Ursprungszustandes. Das Denken lässt nur allzuleicht in diesem Nacherleben kalt; es scheint das Seelenleben auszutrocknen. Doch dies ist eben nur der stark sich geltend machende Schatten seiner lichtdurchwobenen, warm in die Welterscheinungen untertauchenden Wirklichkeit. Dieses Untertauchen geschieht mit einer in der Denkbetätigung selbst dahinfließenden Kraft, welche Kraft der Liebe in geistiger Art ist.»

Die Kraft der Liebe ist die Kraft des Logos, wie sie auch durch Heraklit erlebt wurde. Die Begriffe oder Ideen zeigen sich im gespiegelten Vergangenheitsbewusstsein durch ihre Zeichen, die für die Sinne wahrnehmbar sind. Sie reichen hinauf in die Welt des Imaginativen, des lebendigen, flüssigen Denkens oder Verstehens. Auf dieser Ebene können sie auch erlebt werden, aber ohne sinneswahrnehmbare Zeichen, denn diese sind festgelegt, leben nicht; allein die Begriffe können *hinter* dem erscheinenden Wort leben: das wahre Denken. Hinter den lebendigen Ideen liegt als ihr Ursprung das Fühlen – fühlend-fühlbare Ideen –, und hinter diesem ist das Wollen zu entdecken – wollende, durch Willensintuition erfassbare Ideen.[59] Die Tiefe der Wirklichkeit des Fühlens und Wollens ist ihr Ideencharakter. Das Fühlen ist die Liebe des Schöpfungswortes, wodurch die Weltinhalte entstehen – die Liebe zu dem, das noch nicht ist, damit es werde. Diese Liebe lebt im menschlichen Denken verborgen weiter, weil dieses, wie die Welt, logosstrukturiert ist. In das gewöhnliche Bewusstsein wirft diese Liebe ihren Schatten in der Form des Evidenzgefühls.

Die wahre Wirklichkeit des Fühlens und Wollens ist erkennenden Charakters, Inspiration und Intuition, Quellen der lebenden Ideen, durch deren Herablähmung oder Herabdämpfung unsere alltäglichen Begriffe und Ideen entstehen, so wie wir sie kennen.[60]

Bei manchen Mystikern war es teilweise legitimes Streben, das Erkennen auf das Fühlen zu gründen, weil sie sich gleichsam atavistisch auf eine menschheitlich frühere Seelenstruktur gestützt haben. Die meisten konnten den Weg vom Fühlen zum Denken nicht mehr finden, und deshalb konnte das Gefühlserleben, auch wenn es rein und erkennend war, zu keinem entsprechenden klaren Ausdruck kommen. In der modernen Seelenstruktur ist der Abstand zwischen erkennendem Fühlen und Ausdruck noch größer[61] und kann vom Fühlen her kaum mehr überbrückt werden. Die Verbindung muss vom Denken aus ihren neuen Weg finden: durch das Erleben des Denkens weiter zur Inspiration.

Die Sehnsucht nach einem «warmen» Wissen und Denken, die in jeder Seele heute lebt, führt leicht zu Gefühlserlebnissen, die *neben* dem kaltbleibenden Denken vor sich gehen. Sie tragen zur weiteren Chaotisierung des Seelenlebens bei; denn die gesuchte Wärme muss durch den Weg des Denkens erreicht werden.

Zum erkennenden Fühlen

Der Weg zum Denken und «Sehen» des Herzens geht durch das Opfern von allem Gewohnten, aller Vergangenheitselemente – diese dürfen nur zu freien, improvisierenden Fähigkeiten umgewandelt weiterleben. Und sie müssen geopfert werden in und durch das lebendige Denken, das seine Quelle im wahren, immer intuitiven Fühlen hat.

Dieser Weg wurde mehrfach beschrieben.[62] Hier soll nur auf zwei wesentliche Züge der Seelengebärden hingewiesen werden.

Die meisten automatisch, ideenlos und ohne gewollte Aufmerksamkeit auftretenden Emotionen sind dem Leben keineswegs dienlich. In ihrem Automatismus ist die freie fühlende Aufmerksamkeit des Menschen gefangen. Der Verzicht auf diese Gefühle ist ein Opfer, weil alle spontanen Gefühle, auch die schmerzhaften, von einem Genuss der Passivität begleitet sind. Die Emotionen, die in einem spirituellen Kleid auftreten, als Begeisterung für sympathische Ideen, eine Autorität, für Partei- oder Sektenwesen, bilden da keine Ausnahmen. Die Opferung ist nur dann authentisch, wenn die Emotionen in einem ihnen adäquaten «Denken» durchleuchtet werden. Dieses «Denken» ist ein helles Fühlen innerhalb der Emotionen. Dass sie in diesem erkennenden Fühlen geopfert werden, ist ihre Zurückführung, Umwandlung in ihre ursprüngliche Form, die selber erkennend ist. Dieses helle Fühlen kann erreicht werden, wenn das Bewusstsein sich im lebendigen Denken übt; von hier aus allein ist dieses erlösende Fühlen erreichbar. Die Schulung fängt nicht beim Fühlen an.

Der zweite Zug der Seelenentwicklung besteht in der Aneignung der Fähigkeit, in der Sphäre der Gefühle zu *gliedern*. Eine seelische Funktion wird dann erkennend, wenn der Mensch innerhalb ihrer Sphäre Gliederungen durchführen kann, so wie auf dem Gebiet des Denkens die Begriffe die Gliederung ergeben. Dass eine Seelenfunktion *artikulierend* wird, bedeutet, dass sie sich und ihr Gebiet zu gliedern vermag.

Neben den Übungen, die in die Richtung des Fühlens im Denken führen, sind die Wahrnehmungsübungen an Naturgegenständen besonders geeignet, das erkennende Fühlen ins Leben zu rufen. Denn alle Naturphänomene strahlen uns als hohe Ideengebilde an, für die wir zunächst kein adäquates Ideenvermögen haben. Da das Wahrnehmen im Grunde aus modifiziertem Fühlen besteht, wie man es in den Sinnesqualitäten durchaus zu verspüren vermag, liegen auf diesem Gebiet die erkennenden Gefühle sehr nahe. Eine Vorschule der Gliederungsfähigkeit im Fühlen bilden alle künstlerischen Tätigkeiten.

Wie der Gedanke das Innehalten, ja die Negation des Denkens ist, so sind die bekannten Formen des Gefühlslebens unterbewussten Ursprungs Negationen des Fühlens.

Allerdings sind die Gedanken, Begriffe und Ideen nicht so negativ, nicht so verzerrt wie die selbstempfindenden Gefühle, sie verleugnen nicht ihre Quelle, das Denken, und dieses vermag sie wieder zu beleben, aufzulösen und weiter zu wandeln. Als Fortsetzung der denkend erfassbaren Ideen sind auch fühlende Ideen zu bilden. Diese sind analog etwa den Sinnesqualitäten, weniger «bestimmt», umfassender als die bekannten Begriffe, aber sie gliedern den Bereich des erkennenden Fühlens.

Die Sinneselemente – Farben, Töne, Gerüche und so weiter – tragen noch bemerkbar Empfindungscharakter; man spricht auch von Empfindungen im Hinblick auf die Sinneswahrnehmung; im kleinen Kinde ist das Wahrnehmen noch nicht-differenziertes und begriffloses Fühlen. Ebenso sind die Konjunktionen gefühlsgefärbt – man vergleiche zum Beispiel «obwohl» mit «jedoch». Weil die denkend erfassten Ideen eine gewöhnlich kaum bemerkbare Fortsetzung in der Richtung des Fühlens haben, führt der Weg zum erkennenden Fühlen, zu den «Augen des Herzens», durch das *Erleben*, nicht bloß Denken, der Ideen. Der Widerstand in der menschlichen Seele, diesen Weg zu gehen, äußert sich darin, dass man viel eher und leichter, und zwar um seelische Wärme zu erleben, die alten Gefühlsgebärden zu wiederholen geneigt ist.

Dass die «Augen des Herzens erleuchtet werden», dazu verhilft dem Menschen seine Verbindung mit dem leitenden Geist der modernen Zeit. Dieser wartet auf das Suchen, Bitten und Klopfen[63] des Menschen, er selbst drängt sich ihm nicht auf. Michael[64] «befreit die Gedanken aus dem Bereich des Kopfes; er macht ihnen den Weg zum Herzen frei; er löst die Begeisterung aus dem Gemüte los, so dass der Mensch in seelischer Hingabe leben kann an alles, was sich im *Gedankenlicht* erfahren lässt. Das Michaelzeitalter ist angebrochen. Die Herzen beginnen, Gedanken zu haben; die Begeisterung entströmt nicht mehr bloß mystischem Dunkel, sondern gedankengetragener Seelenklarheit.»[64a] «Von dieser Tatsache, dass die Ideen des Menschen nicht nur ‹denkend› bleiben, sondern im Denken ‹sehend› werden, hängt unermesslich viel ab.»[65] Eine «sehende Idee» ermöglicht durch ihren Gefühlshof, einen ganzen Weltaspekt zu erblicken: Das Weltbild verändert sich durch ihre Ausstrahlung. Die großen Wendepunkte des individuellen und menschheitlichen Lebens kommen auf diese Weise zustande. Im erkennenden Fühlen hört der Unterschied zwischen Denken und Wahrnehmen auf.

Das tiefere Erkennen der *fertigen* Welt – Natur und alles, was durch den Menschen *schon* geschaffen worden ist, worin kein neuer *Anfang* geschieht – wird durch gesteigerte Aufmerksamkeit, Hingabe, Liebe bewirkt: Das sind Stufen der Verwirklichung der Grundkraft der Seele. Man kann diese Kraft «Liebe» nennen, im Sinne jenes obigen Zitats aus der «Philosophie der Freiheit». Sie entspricht dem «natürlichen» Zustand der Seele, der heute durch die weitgehende Erkrankung dem Erkennen ganz entfremdet zu sein scheint und überhaupt selten anzutreffen ist. Und doch gehört sie als Schöpfungskraft, als Wachstumskraft zum *vollen* Menschentum.

Unter den vier Evangelisten ist es Johannes, der geliebte Jünger, der sich am eingehendsten mit der Liebe, mit der ganzen spirituellen Psychologie dieser Grundkraft beschäftigt (in der *Divina Comedia* Dantes ist er es, der Dante im Paradies auf sein Wissen über die Liebe prüft). Besonders in seinem ersten Brief ist er beflissen zu zeigen, wie das Schaffen, das Wachsen im Geiste, das Überfließen zum Wesen des Menschen gehört.

Wenn wir uns nun den Johanneischen Texten zuwenden, ist in Betracht zu ziehen, dass die Sprache der Bibel für uns nicht ohne weiteres verständlich ist, denn unter den Worten, die uns bekannt zu sein scheinen, sind in diesen Texten oft Ideen gemeint, die wir vergessen, verloren haben. Diese Ideen sind für das gespiegelte Bewusstsein unnahbar; sie fordern ein höheres Verstehen. So geht es uns auch mit dem fundamentalen Satz aus dem ersten Brief des Evangelisten Johannes (4,18): «In der Liebe ist keine Furcht, sondern die vollkommene Liebe treibt die Furcht heraus, da die Furcht Verstümmelung[66] ist, und wer sich fürchtet, ist nicht vollkommen geworden in der Liebe.» Der Satz kann als Grundlage einer geistigen Psychologie angesehen werden.

Das Johanneische Welt- und Menschenbild – sie sind nicht zu trennen – kennt drei Prinzipien oder Wirklichkeiten, durch die die Welt aufgebaut wurde und die zugleich das Wesen des oberen, des geistigen Menschen sind: Urbeginn, Gnade und Wahrheit – *Arche*, *Charis* und *Aletheia*.[67] Sie stehen hier in der Reihenfolge ihres abnehmenden Ranges: Arche ist das höchste unter ihnen. In der Sprache der Geisteswissenschaft werden sie *Atma*, *Buddhi*, *Manas* oder Geistesmensch, Lebensgeist und Geistselbst genannt, falls sie auf den Menschen bezogen werden.

Aletheia wird gewöhnlich als *Wahrheit* übersetzt. Wir kennen aber nicht mehr jene Wahrheit, die Johannes und viele mittelalterliche, auch frühe neuzeitliche Denker gemeint haben; wir meinen «Richtigkeit», dass etwas mit etwas übereinstimmt, zum Beispiel das Wahrnehmliche mit der Theorie. *Aletheia* ist aber «Unverborgenheit», «Unvergessenheit», «Unverlorenheit» und entspricht dem erlebten, prozessualen Denken,[68] Wahrnehmen, Vorstellen, der imaginativen Ebene überhaupt. *Erleben* heißt *Bleiben* oder Wohnen in dem Geistesblitz; keine endgültige Wahrheit, vielmehr die in uns lebende Quelle der Wahrheiten, Weg und Leben. «Leben» ist der gemüthafte Ausdruck für Gegenwärtigkeit, Anwesenheit, das Nicht-Vergessen des Vorganges. *Aletheia* soll so gedacht werden, dass Ausdrücke wie «die Wahrheit tun»,[69] «aus der Wahrheit sein»,[70] «alle Lüge ist nicht aus der Wahrheit» (1 Joh. 2,21) einen Sinn bekommen.

Überschuss

Liebe oder Agape ist der Gemütsausdruck für die Weltwirklichkeit *Gnade* oder Charis. Agape als das Neue Gebot ist durch ein Mehr im Vergleich mit dem Alten Gebot charakterisiert. Dieses sagt: «Liebe deinen Nächsten wie dich selbst»; das Neue Gebot aber: «Liebet einander, wie ich euch geliebt habe» (Joh. 13,34 und 15,12), das heißt ohne auf Gegenliebe zu rechnen, ohne Vergleich, ohne Bedingung, nicht auf sich schauend – der Kreuzestod macht jeden Vergleich, jedes Aufrechnen unmöglich und absurd. «Liebe deine Feinde» – spricht dieselbe Stimme in der Bergpredigt (Matth. 5; Luk. 6). Charis, die in die Menschenwelt überfließende Gotteswirklichkeit, ist ähnlich dargestellt (Luk. 6,32): «Wenn ihr nur liebet, die euch lieben, was für eine Charis habt ihr?» Der Knecht, der nur tut, was ihm befohlen wurde und nicht *mehr*, ist ein unnützer Knecht (Luk. 17,9-16). Charis und Agape zielen auf einen Überfluss, der in der Götterwelt selbstverständliche Gegebenheit des Seins ist; ihr Abnehmen bewirkt sogleich eine Verminderung des Seinsranges. In der Menschenwelt aber sind Charis und Agape Realitäten, die Hindernisse zu überwinden haben, Hindernisse, die im Menschen urständen. Durch diese Überwindung, durch den Weg durch den Menschen wird die göttliche Liebe – die «erste Liebe»[71] zur irdischen, zur «zweiten» Liebe, zum Ideal der Erdenentwicklung. Licht und Liebe sind keine *Eigenschaften* der Götter, sondern ihre Daseinsform: «Und dies ist die Botschaft, die wir von ihm gehört haben und euch verkündigen, dass Gott Licht ist und keine Finsternis in ihm ist.» – «Gott ist die Liebe, und wer in der Liebe bleibt, der bleibt in Gott. Darin ist die Liebe bei uns vollkommen geworden.»[72] Der Mensch kann teilhaben an diesem Götterdasein. Das Ideal der menschlichen Lebensweise wäre dies: zu handeln aus der einzigen moralischen Inspiration, dem Neuen Gebot, dieses Umfassende den Erfordernissen und Umständen gemäß durch moralische Fantasie zu konkretisieren und zu verwirklichen, ganz auf die Erde zu bringen durch moralische Technik. Die Menschheit könnte in Liebe leben: Die ganze Erdenschöpfung ist dafür da, diese Möglichkeit einer Liebe *trotz allem* zu bieten, trotz des körperlichen Daseins mit seinen Bedürfnissen, die den Engeln unbekannt und erspart bleiben.

Die Wurzel des Daseins

Das göttliche und das menschliche Dasein werden durch das gemeinsame Prinzip des *Urbeginns*, der *Arche* verbunden. Arche ist die Fähigkeit zur Schöpfung aus dem Nichts, zu tun ohne vorgegebene Ursachen oder Zwecke, die Fähigkeit, eine Ursachenkette zu beginnen oder zu unterbrechen – zum Beispiel zu vergeben, Barmherzigkeit zu üben anstelle der Rache. In der Arche sind *Aletheia* und *Charis* enthalten, wie in der Intuition die Inspiration und Imagination. Arche ist der Wesenskern, der Wesensstern des Menschen, der nach dem Tode letztlich *bleibt* und in der nächsten Verkörperung bestrebt ist, am irdischen Dasein, an der Erdenwelt durch *Charis* und *Aletheia* zu arbeiten. In der Arche ist die Kraft des Wachstums verborgen, aus dem das Überfließen der Liebe, das Licht und die Selbsterfahrung der *Aletheia* werden. Die *Aletheia* ist durch die Verborgenheit, das Vergessen gegangen; die *Charis* muss durch die irdische Finsternis, das Nichtverstehen wirksam werden; die Arche ist absolutes Sein, das Über-Sich-Hinaus-Kommen (sonst wäre sie nicht *Anfang*), das Überfließen selbst: Sie besteht rein daraus und darin.

Die Fähigkeit zum Anfang und zum Wachsen oder Überfließen ist die Eigenschaft, besser gesagt *das Sein* der Ichwesen, zugleich Logoswesen. «Im Urbeginn war der Logos» (Joh. 1,1) als Kern oder Treibkraft der *Arche;* «war», weil sowohl in der Schöpfung wie im menschlichen Beginnen der Logos, die Fähigkeit zum Sinnschaffen und Sinnauffassen schon da sein muss. Die Vergangenheitsform schließt die zeitliche Deutung von «Urbeginn» aus. Logos ist das gliedernde Prinzip in der Welt und im

Menschen, die Fähigkeit zum Wort, zum Denken und zum Lieben in menschlichem Sinne (*bene velle* – das Gute dem anderen zu wollen). Daher ist das «Halten», «Befolgen» des Logos oder der Logoi des Herrn[73] die Bedingung zur Liebe der Göttlichkeit – oder gleichbedeutend damit – und zum ewigen Leben.[74] «Wer seinen Logos hält, in dem ist in Wahrheit die Liebe zu Gott vollkommen geworden.»

Ist die Arche der Kern des göttlich-menschlichen Daseins – von den gefallenen Engeln heißt es (Jud. 1,6): «die Engel, die ihre Arche nicht bewahrten» –, so ist der Kern der Arche der Logos. Von ihm sagt Heraklit: «Der Seele ist ein Logos eigen, der von sich aus zunimmt.»[75]

Vollkommenheit

Die Ausdrücke «Vollkommenheit» (*teleitotes*), «vollkommen» (*teleios*), «vollkommen werden» (*teleioun*), «Ende», aber zugleich «Vollendung», «Erfüllung», «Höhepunkt», «Weihe», «Einweihung» (*telos*) beziehen sich im Zusammenhang des fundamentalen Satzes[76] «In der Liebe ist keine Furcht...» auf die *volle* Wirklichkeit des Menschen und der Welt. Die Wirklichkeit des Menschen besteht nicht ohne das Prinzip der Weiterschöpfung an der Welt, und die der Welt besteht nicht ohne den weiterschöpfenden Menschen. Denn in der kreatürlichen Welt vertritt allein der Mensch den lebendigen Logos. Daher ist im Römerbrief (8,19) zu lesen: «Denn die Sehnsucht der Kreatur wartet auf das Offenbarwerden der Söhne Gottes.» Und weiter (8,22): «Denn wir wissen, dass alles Geschaffene insgesamt seufzt und sich schmerzlich ängstigt bis jetzt.»

Der Eingeweihte, der «Vollkommene», *teleios*, ist ein Mensch, in dem sich die ursprüngliche geistige Natur der Arche und durch sie der Charis und der *Aletheia auf Erden* darleben kann. Der Überfluss-Charakter wird am klarsten unmittelbar nach der Bergpredigt dargestellt, wo nach den unerhörten moralischen Ermahnungen – «Denn so ihr liebet, die euch lieben, was werdet ihr für Lohn haben?»[77] – folgt: «Darum sollt ihr vollkommen sein.»[78] Dem reichen Jüngling wird letztlich gesagt: «Willst du vollkommen sein, so geh hin, verkaufe, was du hast, und gib es den Armen, und du wirst einen Schatz in den Himmeln haben.»[79]

In der Apokalypse sagte das Logoswesen: «Ich bin das Alpha und das Omega, der Anfang und die Vollendung» (gewöhnlich wird da «Ende» übersetzt).[80] Nach diesem Satz folgt dann gleich ein Beispiel der Charis (21,6): «Ich werde dem Durstigen geben von dem Brunnen des lebendigen Wassers *umsonst*.»

Die Vollkommenheit ist die Verwirklichung dessen, was in der Arche angesetzt ist: Auf der Ebene des Fühlens die überfließende, vollkommene Liebe. Deshalb ist bei Paulus zu lesen (Kol. 3,14): «Über dies alles aber ziehet die Liebe an, die der Zusammenhalt der Vollkommenheit ist.» Wo Urbeginn ist, ist Liebe, und ohne Urbeginn ist keine Liebe. Und im Urbeginn war der Logos.

Das Loblied über die Liebe im ersten Korintherbrief (Kap. 13) mündet in die Beschreibung des Kommens des «Vollkommenen». Dieses Briefkapitel ist die Schilderung des Ich-Wesens im Lichte der Liebe. Hat der Mensch der Liebe nicht, so ist er Spielzeug anderer Kräfte, das heißt, er kann sich nicht als Ich-Wesen behaupten. *Arche*, *Charis* und *Aletheia* sind die Seinsformen der Ichwesen: «Das Ich-bin ist der Anfang und die Vollendung» – Vollendung im obigen Sinne. Diese Seinsformen beinhalten ständiges Wachsen, Zunehmen und in diesem Sinne Un-Fertigkeit. Diese Art von Zunehmen, Schöpfung aus dem Nichts, ist der heutigen Wissenschaftlichkeit unbekannt, denn sie schaut auf die Schöpfung, auf die Vergangenheit oder das Ergebnis des Schaffens, auf die Welt der Erhaltungsgesetze: Erhaltung der Energie und des Stoffes.

Das Zunehmen, das Wachsen kann aus mannigfaltigen Gründen verhindert oder behindert sein. Die meisten der Gründe liegen im Menschen selber. Wird aber das Zunehmen gedämmt, so ist dies mit dem Gefühl der Furcht gleichbedeutend, dem Gegensatz des geistigen Ich-bin-Erlebnisses, das im Wachsen erfahren wird. Furcht ist das Gefühl von «Ich-bin-nicht»: Verleugnetes, mangelndes, vermindertes Wachsen. In diesem Sinne ist die Furcht *Verstümmelung*. Das Ich-bin lebt, west, ist in der Hingabe, im Schaffen und in der Liebe. Die Hingabe, die empfangende Aufmerksamkeit, der umgekehrte, aufnehmende Wille[81], das Ziel und Wesen jeder Meditation, ist die Möglichkeit der Metamorphose des Ich (oder der Aufmerksamkeit) in *Das*, was es *erkennt*, eine Verwandlung, die erlebt wird. Ich erkenne Das, indem ich die eigene Metamorphose in Das erlebe. So ist es mit dem Erkennen auch in der Sinneswelt, nur geht hier die Metamorphose bloß in homöopathischem Maße vor sich. Die Liebe zu einem anderen Ichwesen ist eine andere Gebärde: Das Zurücknehmen, Herabdämpfen des in der geistigen Welt notwendigen Ich-Gefühls, das Platz-Bieten für den Anderen in mir, um ihn *als Quelle* in mir zu erleben. Im Erkennen erlebe ich mich im Das. Für die gewöhnliche Logik ist es gleich zu sagen: «Ich bin du» oder zu sagen: «Du bist ich.» In der Wirklichkeit sind das zwei verschiedene Bewegungen. «Man kann sagen, dass mit dem übersinnlichen Bewusstsein die Menschenseele in der geistigen Welt aufwacht; man muss aber ebenso sagen, *dass in der Liebe das Geistige innerhalb der Sinneswelt aufwacht.*»[82] Man vergleiche diesen Satz mit der zitierten Aussage des Johannes (1 Joh. 4,16): «Gott ist die Liebe...»

Ich kann mich nicht in ein anderes Ichwesen verwandeln, denn es *ist* nicht; namentlich ist es nicht fertig, weil es nicht bloß Kreatur ist, nicht Ergebnis, nicht Produkt nur, sondern Produzierendes, eine Quelle. Man kann nur zu etwas werden, was fertig ist. Was Gestalt-Quelle, Logos-Quelle, Wort-Quelle ist, kann man nur in sich aufnehmen.

In der sinnlich-physischen Welt ist die Liebe das übernatürliche «Gesetz» oder Gebot. Der Geist schafft Übernatürliches, wenn er in der geschaffenen Natur sich selber treu bleibt. Liebe ist die Auslöschung der eigenen Ich-Kraft aus Ich-Kraft um des Anderen willen. Dazu ist der Andere notwendig, und ein Anderer ist in Wirklichkeit nur in der Sinneswelt. Er bleibt ein Anderer auch in der Liebe – ich gebe mich auf: Ich werde der Andere, indem ich ihn hereinlasse. Damit gewinnt dann die sonst fertige Sinneswelt ihre Vollkommenheit, ihre Heilheit: Die Kraft der Weiterschöpfung zieht durch die Logoskraft der Liebe in sie hinein. Denn «wo zwei oder drei zu meinem Namen sich zusammenfinden, dort bin ich in der Mitte von ihnen» (Matth. 18,20). In der Mitte jedes Einzelnen und daher in der Mitte unter ihnen leuchtet der Logos auf. Er ist es, der die Ichwesen vereint.[83]

Seligkeit

Die Erfahrung der Logoshaftigkeit des Daseins bringt mit sich, was Seligkeit genannt wird. Der moderne Mensch bemerkt nicht, dass er in einer Welt der *Bedeutungen*, des *Sinnes* lebt, dass jedes Wort Bedeutung hat und sie durchlässt und nur dadurch Wort ist und dass jedes Ding wenigstens durch eine vorläufige Bedeutung ein «Das» wird, eben *jenes* Ding, dass wir also in unserem Leben hier andauernd mit Sinn umgeben sind, nach Sinn uns richten, durch Sinn und mit Sinn unser Leben gestalten. Es ist die Seligkeit des kleinen Kindes, Sinn und Bedeutung zu entdecken, zu entdecken, *dass sie sind*. Sie sind nicht sinneswahrnehmbar; sie sind ein Geschehen der Seele, des Geistes, das gewöhnlich mit dem Wort «Verstehen» bezeichnet wird. *Erlebt* der Mensch diese Welt der Bedeutungen, des wesenhaften Sinnes, so weiß er aus Erfahrung, dass er stets in der geistigen Welt lebt, und erlebt andererseits die Urfreude des Daseins, die Seligkeit.[84]

Würde, könnte der Mensch seine wahre geistige Natur entfalten, würde die Seligkeit zu seinem Dasein gehören. Seine wahre Natur ist *Anfang*, *Schaffen*, *Überfließen*, *Liebe* – alles Synonyme von *Freiheit*. «Frei ist der Mensch in dem Maße, als er in seinem Wollen dieselbe Seelenstimmung verwirklichen kann, die in ihm lebt, wenn er sich der Ausgestaltung reiner ideeller (geistiger) Intuitionen bewusst ist.»[85] Diese Seelenstimmung ist die gemeinte Urfreude: Dass der Mensch nach seinem wahren Wesen, nach seinem *Sinn* lebt, in seine eigentliche Wahrheit einkehrt. Dann ist die Seligkeit auf selbstverständliche Weise da.

Auf Erden aber begegnet der Mensch Hindernissen und Schwierigkeiten von innen und außen – die äußeren

Hemmnisse müssen verinnerlicht werden, um *seelisch* zu wirken – und verliert das wahre Dasein, seinen Anfang – Anfang als Ursprung und Anfang als Schaffen aus dem Nichts –, und damit verliert er die Seligkeit, die Urfreude. Stattdessen erfassen ihn die Kräfte der Traurigkeit.

Die Kräfte der Traurigkeit

Die Kraft der Traurigkeit ist nicht die Kraft der *Traurigkeit*. Die Traurigkeit besteht in dem Verlieren dessen, was keine Traurigkeit ist. Die «Gründe» der Traurigkeit sind immer scheinbare Gründe: Sonst wären wir stets traurig, es gibt dazu Gründe immer genug.

Die Traurigkeit kommt aus dem Überfließen der Kräfte – ob uns etwas genommen wurde, woran wir gehangen haben, ob sie uns einfach ohne äußeren Anlass überkommt. Diese Kräfte können schaffende sein, wenn wir sie ertragen könnten. Wir verschmähen sie aber und machen sie nicht zu den unsrigen.

Dass wir sie nicht ertragen, bedeutet, dass wir nicht immer – oder sogar selten – an unseren Grenzen leben, dort, wo wir sein könnten, wenn wir alles unternehmen würden, das in unseren Möglichkeiten liegt. Wir fürchten uns, an diese Grenze zu kommen – wir haben nicht die vollkommene Liebe –, wir bleiben innerhalb, vielleicht weil uns dort das Unbekannte erwartet und wir es vorziehen, im Gegebenen, Heimischen, Gewohnten zu bleiben. Und obwohl aus dem gegebenen Organismus Kräfte, die ihn geschaffen und gestaltet haben, mit dem Altern täglich frei werden, um unserem freien Weiterschaffen an der gegebenen Welt dienlich zu sein, lassen wir sie unverwendet, arbeitslos. Und so werden sie uns entfremdet. Sie werden zu Kräften unserer menschlich-niedrigeren «Natur» – sie haben nichts mit der weisheitsvollen Natur gemeinsam –, zu den Kräften unserer Süchtigkeiten, Leidenschaften, unseres Haftens unterbewussten Ursprungs; oder – und das ist der günstigere Fall – sie werden zu den Kräften der Traurigkeit.

Weil wir all dies nicht erfahren, *sagen* uns die Kräfte der Traurigkeit nichts oder wenig: Sie legen sich uns von hinten her an und hüllen uns ein. Daher sind wir in einer Dunkelheit, die für uns nicht wortet, weil wir fliehen, sie nicht von unserem Angesicht her entgegennehmen.

Und doch ist dies das Bessere im Vergleich mit dem Obsiegen der unterbewussten Impulse, denn die Traurigkeit ermahnt uns und könnte uns erinnern: Sie misst die Entfernung unseres Alltagswesens von unserem höheren, unserer Wahrheit.

Nur weil wir vor der Traurigkeit fliehen, überfällt sie uns, zunächst oft namenlos. Weil wir sie fliehen, treten wir nie in sie hinein, sie rückt an uns heran und drückt wortlos mit ihrer Außenseite. Weil wir nie in sie eintreten, merken wir nicht, dass sie das dunkle Kleid des Trostes ist.

Das Tröstende ist der Geist, das Wort. Die nicht-wortende Außenseite ist die Dunkelheit des Schmerzes über das Verloren gehen des Wortes: das Nicht-Verstehen im Fühlen.

Trost

In der Logoswelt sich zu fühlen ist Trost. In dieser Welt weilt ewig und unaufhörlich unser wahres Wesen, die Quelle unseres alltäglichen seelischen Bewusstseins, das nicht bis zu diesen Höhen sehen kann und das sich daher mit Recht als ein Abgefallenes erlebt: in Traurigkeit – wenn die Entfernung von oben zu groß, der Rhythmus unseres geistigen Atmens gestört, seine Symmetrie weitgehend verloren ist. Sie wäre Einssein in der Hingabe mit unserem geistigen Wesen – Sich-Trennen von dieser Hingabe im *Eigenleben des Geistes*, das den Namen «Seele» trägt. Asymmetrisch lange verweilen wir im Eigenleben, und nur ausnahmsweise erheben wir uns zur Unverborgenheit oder Offenbarung unseres Seins. Wir fürchten uns, vielleicht mit Recht – wahrscheinlich mit Recht.

> Aus unendlichen Sehnsüchten steigen
> endliche Taten wie schwache Fontänen,
> die sich zeitig und zitternd neigen.
> Aber, die sich uns sonst verschweigen,
> unsere fröhlichen Kräfte – zeigen
> sich in diesen tanzenden Tränen.[86]

Ursprünglich fliehen unsere fröhlichen Kräfte vor uns, weil wir sie nicht behalten können. Sie würden uns mitnehmen, hinaus. Wenn aber ihre Richtung für uns ein Außen ist, ein «Hinaus», würden wir mit ihnen in Visionen, in Halluzinationen zerflattern, herausgelockert aus unserem schützenden Gehäuse. Daher wehren wir ab: *Wir* flüchten in das sichere Haus und halten fest. Daher verwandelt sich das Verflüchtigen der Kräfte in unsere Verfolgung: Sie fangen uns ein – viel schneller als wir – in die namenlose Traurigkeit, die uns aus ihnen entgegendunkelt.

Wir geben ihr bald Namen, wir fühlen sie, wir fühlen uns in ihr: *Wir* werden traurig. Sie wird *unsere* Traurigkeit und verliert noch mehr an Wort. Wir bemitleiden uns selbst, weil wir traurig sind. Die Dunkelheit steigert sich und übertreibt. Stets wird das Licht in der Traurigkeit blasser und kleiner.

Durch den Namen wird die Traurigkeit vertraut, wir beginnen uns ihr anzupassen, ja sie zu genießen, wie alles, was unserer Passivität geschenkt wird, auch wenn es schmerzt. Wir müssten uns im reifen Herbst die Kühnheit nehmen anzufangen, hinauszutreten an das Licht, den Funken in uns anzufachen, die Furcht, dass er uns verbrennt, abzuschütteln – es ist uns alles zur Verfügung gestellt, wir glauben es aber nicht. Wer es nicht bemerken will, wer sich nicht besinnen kann,

> Dem kommt nichts mehr, dem stößt kein Tag mehr zu,
> und alles lügt ihn an, was ihm geschieht;
> auch du, mein Gott. Und wie ein Stein bist du,
> welcher ihn täglich in die Tiefe zieht.[87]

Aber man kann wenigstens die Traurigkeit durchstehen, aushalten, sich nicht mit leichtem Trost, der sie bedeckt, begnügen und sie auch nicht genießen und als Entschuldigung benützen. Nur dann wird der Satz der Bergpredigt zur Wahrheit: «Selig sind die Traurigen, denn sie werden getröstet.» Der Trost kann nicht von außen kommen, denn die Traurigkeit hüllt ein, lässt nichts durch. Der Trost wohnt in der Traurigkeit selbst. Ist der Aufmerksame in ihr nicht gänzlich untergegangen, findet er in der finsteren Dichtigkeit hie und da ein Glitzern, ein glimmerndes Geäder im dunklen Gestein.

Diesem Schimmer zu folgen mit der Aufmerksamkeit des Fühlens, mit der Aufmerksamkeit der Traurigkeit, ist ein Weg. Nicht außerhalb der Traurigkeit ist zu suchen, nicht mit Gedanken ist zu folgen: Im Dunkel muss man dem schwachen Glimm dunkel folgen, sonst verschwindet er. In der Richtung, wo es glitzert, wird er stärker.

Erfahrung

Was aufschimmert, ist die *Erfahrung* der Traurigkeit. *Erfahrung* ist nicht Erleiden; Erfahrung bedeutet: *Ich* erfahre die Traurigkeit – jemand muss sie erfahren. Damit beginnt der Glimm stärker zu leuchten. Der Erfahrende beginnt langsam in der Erfahrung anwesend zu sein. Er war immer da, bloß war er nicht wach, nicht wach genug. Zwischen Anwesenheit und Ohnmacht schwankt er. Aber auch die Ohnmacht kann erfahren werden. Alles kann dem Erwachsenen zum Erwachen dienen. Deswegen ist alles gegeben, ist alles da.

Wo der Erfahrende stärker wird – das gibt die Richtung. Wo er stärker wird, in dieser Richtung nimmt die Traurigkeit ab. Man spürt Sinn dahinter, durch Worte des Denkens unsagbar, Sinn im Fühlen. Im Fühlen sinnen wir nach. Sinn, Bedeutung im Fühlen ist sonst nur in der Kunst bekannt. Durch ein Kunstwerk oder eine Kunstdarstellung sprechen Gefühlsgestaltungen zu uns, und wir versuchen sie mit unserem Fühlen entgegenzunehmen, indem wir die vermittelnden Sinneswahrnehmungen ausfiltern, auf sie verzichten, wie wir einen Gedanken durch das Absehen von der Stimme, den Worten, vom Hörbaren überhaupt erfassen.

Die oberen Gefühle

Der Sinn im Fühlen ist weder Traurigkeit noch Freude, wie wir sie gewohnt sind zu erleben, er ist eine neue Qualität. *Diese* zerfällt gewöhnlich in Schmerz und in ihn ergänzende Freude. Sie ist keine Mischung der beiden. Aus den Bruchstücken kann die ursprüngliche Gestalt nicht durch Mischen wieder hergestellt werden.

Jede Emotion, auch die Traurigkeit, ist ein Zerrbild eines Fühlens im Oberland der Gefühle, ein Surrogat. Das Unten und das Oben treten im Fühlen immer in Resonanz. Das reine Gefühl kann etwas im selbstempfindenden Emotionalen, eine Emotion ein erhabenes Fühlen in Regung bringen. Jede Emotion ist Gelegenheit zum richtigen Fühlen – wenn wir Vertrauen haben, wie wir auch ein unerschütterliches Vertrauen zum Denken haben, auch dann, und gerade dann, wenn wir unsere Zweifel am Denken vor die Seele führen – das heißt denken.

Wenn ich eine negative Emotion – Neid, Traurigkeit – fühle, kann ich der Fähigkeit zu fühlen vertrauen: dass sie auch hinauf-fühlen kann.

Noch einmal: Trost

Die Metamorphose der Traurigkeit in eine Erfahrung führt zu einer neuen Ebene: Dort wohnt der Trost. Der Geist des Trostes führt von Anfang an auf den Weg der Wandlung: Er steigt. Die Kräfte der Himmelfahrt sind zugleich die Kräfte der Verlassenheit der Jünger; sie werden fast zur Traurigkeit. Aber die Jünger bleiben einmütig im Beten und Flehen. Zu Pfingsten – nach zehn dunklen Tagen – ist der Tröstergeist da. Die Kräfte der Verlassenheit werden zu den Kräften der Nicht-Verlassenheit, die Kräfte der Traurigkeit werden zum Trost selbst. Selig sind die Traurigen.

Es geht der Mensch im Erdenleben durch die Niederungen seiner Seelenlandschaft – Furcht und Traurigkeit –, und im Glücksfall gelingt es ihm, die Seligkeit des Schaffens oder des Anfangs zu kosten. Was wäre aber, wenn er sich entschließen könnte, stets an den eigenen Grenzen zu wachen, das heißt *alles* zu tun, was im Interesse seiner und der Menschheit seelisch-geistiger Entwicklung *möglich* wäre? Darauf kann wohl ein Grenzgänger die Antwort geben, der schon jung durch die Grenzen gebrochen ist – aus Übermaß des Ideals – und dann vier Jahrzehnte in geistiger Umnachtung gelebt hat. In seiner Vision des großen Friedens zwischen Menschheit und Göttlichkeit findet er Worte, die den Weg des Menschen tief und genau charakterisieren.[88] – In einer früheren Fassung der Hymne heißt es:

> Viel hat erfahren der Mensch,
> Der Himmlischen viele genannt,
> Seit ein Gespräch wir sind
> Und hören können voneinander.

Götter und Menschen sind hier ein Gespräch: Wortwesen also beiderseits, und das Gespräch ist in der stummen Sprache des geistigen Daseins, die keines sinneswahrnehmbaren Erklingens bedarf. Das Bild steigert sich in der endgültigen Fassung der Hymne weiter:

> Viel hat von Morgen an,
> Seit ein Gespräch wir sind und hören voneinander
> Erfahren der Mensch; bald sind wir aber Gesang.

Der letzte Halbvers bildet die Steigerung; dem versuchen wir näher zu treten.

> Von allen groß gewagten Existenzen
> kann Eine glühender und kühner sein?
> Wir stehn und stemmen uns an unsre Grenzen
> und reißen ein Unkenntliches herein.[89]

Adaequatio

Der Logos-Keim im Menschen – Gottes Atem – ist seine Treibkraft zum Schöpferischen. Allen Ich-Wesen ist gemeinsam, nie fertig zu sein, noch es zu werden; alle sind in Bewegung, auf dem Weg also, im Leben von Wahrheit zu Wahrheit, das heißt von Unverborgenheit zu Unverborgenheit.

Der Logos ist sinnschaffende Formkraft, Inbegriff aller Formen. Es sind damit reine Formen, Ideen-Formen gemeint, bevor sie sich im Stoffe offenbaren – wie das Wort des Herzens (Thomas von Aquin) noch unentschieden ist, in welcher Sprache es in die Wahrnehmbarkeit treten wird.

Die Logoskraft bewirkt im modernen Menschen die Unmittelbarkeit des Denkens und des Wahrnehmens: zwei völlig verschiedene Unmittelbarkeiten.

Die unmittelbare Verständlichkeit des eigenen Denkens ist eine Erbschaft aus der Uroffenbarung, des wissenden Zustandes, der *Vidya* des Menschen. Im Vergleich zu den Wahrnehmungen gelangt sie aus der entgegengesetzten Richtung in das Bewusstsein: Kommen jene von vorne, so quellen die gedanklichen Intuitionen von hinten.

Im Wahrnehmen ist die empfangende Aufmerksamkeit unmittelbar gegeben, es fehlt aber das Lesen-Können, das Verstehen des Gegebenen, wie bei einer Fremdsprache, die wir nicht gelernt haben; das Gegebenwerden des Wahrnehmens ist wie eine Art Atavismus oder auch: ein Geschenk.

Im Denken muss die empfangende Gebärde vom Menschen bereitet werden, durch die Kunst der Meditation, wenn man von den seltenen Ausnahmen einer Begnadetheit absieht, die nicht das vorangehende Wegräumen der Hindernisse erfordern. Jedenfalls spielt in der Ausformung der Ideen der Mensch als empfangender Kelch eine Rolle: Der Kelch hat eigene Form, und er und der ihn erfüllende Inhalt passen sich gegenseitig an. Das ist die große Idee der *Adaequatio* des Thomas von Aquin.

Die zwei Gebiete, Wahrnehmen und Denken, sind in Korrelation. Das Ergebnis des Wahrnehmens, die Wahrnehmung, wird – bei gesunden Sinnesorganen – vor allem von der begrifflichen Ausstattung der Aufmerksamkeit, das heißt von der Qualität der zur Verfügung stehenden Begrifflichkeiten bestimmt. Diese werden durch die intuitive empfangende Gebärde des Denkens gegeben. Wie weit das Wahrnehmungsgegebene «verstanden» wird, wie weit es durch inadäquate Begriffe bloß vorläufig gegliedert und herabgelähmt wird, hängt von der Begriffsqualität ab.

Die Sprache bietet als Wahrnehmungsobjekt eine Vielfalt der Grade des Verstehens, von dem informativen über den künstlerischen bis zum meditativen Text. Das Wahrnehmen bietet in demselben Gegebenen eine ähnliche Vielfalt: vom naturwissenschaftlichen Berechnen über das Fühlen der Naturqualitäten (Finden von Heilpflanzen, technische Leistungen im vor-naturwissenschaftlichen Zeitalter und so weiter) bis zum Verstehen der Einheit von Natur und Mensch – eine hohe meditative Ebene.

Aufsteigen

Da Ich-Wesen nie fertige Wesen sind und durch die Selbstbewusstseins-Seelenstruktur der Mensch mündig geworden ist – er kann auf das eigene Bewusstsein reflektieren –, ist es nun seine Aufgabe geworden, an der eigenen Entwicklung zu arbeiten: eine Aufgabe, die der Menschheit fast unbekannt blieb. Das nächste Ziel wäre die Erfahrung des eigenen geistigen Selbstes, unabhängig vom Organismus. Dann folgten weitere Stufen. In der Tradition des Christentums werden diese Zukunftsschritte eindeutig und weitgehend ins Auge gefasst. Der erste Schritt ist der von der Stufe der alttestamentarischen «Gerechten» oder «Kinder Gottes» zur Sohnschaft oder zu den «Brüdern Christi». Im

Prolog des Johannes-Evangeliums wird das in den Versen 13 und 14 dargestellt (siehe S. 16 f.). Die Fleischwerdung führt zum Erblicken der Herrlichkeit des Logoswesens, «von Angesicht zu Angesicht» (1 Kor. 13,12), in der Unverborgenheit, der *Aletheia*, im Hinausgehen über die alttestamentarische Stufe des Sehens mit zugedecktem Antlitz.

Die folgenden Stellen des Neuen Testamentes zeigen, wie weit die Vorstellungen im Urchristentum gegangen sind.

«Meine Lieben, wir sind nun Gottes Kinder, und es ist noch nicht erschienen, was wir sein werden. Wir wissen aber, wenn es erscheinen wird, werden wir ihm gleich sein; denn wir werden ihn sehen, wie er ist» (1 Joh. 3,2).

«Denn der Herr ist Geist; wo aber der Geist des Herrn ist, da ist Freiheit. Wir alle aber, die wir mit aufgedecktem Angesicht die Ausstrahlung des Herrn widerspiegeln, werden verwandelt in sein Bild von Herrlichkeit zu Herrlichkeit, vom Geist des Herrn» (2 Kor. 3,18).

«Denn Gott, der da hieß das Licht aus der Finsternis hervorleuchten, entzündete es in unserem Herzen um der Erleuchtung willen zur Erkenntnis der Ausstrahlung Gottes im Angesicht, das Jesus Christus ist» (2 Kor. 4,6).

«Denn welche er zuvor ersehen hat, die hat er auch dazu bestimmt, dass sie gleich sein sollten dem Ebenbilde seines Sohnes, auf dass derselbe der Erstgeborene sei unter vielen Brüdern» (Röm. 8,29).

«Unser Wandel aber ist im Himmel, von dannen wir auch warten des Heilands Jesu Christi, des Herrn, welcher unseren nichtigen Leib verklären wird, dass er ähnlich werde seinem verklärten Leibe nach der Wirkung, mit der er kann auch alle Dinge sich untertänig machen» (Phil. 3,20).

Die Idee der *Adaequatio* ist in diesen Texten vorweggenommen, auch die Idee der tieferen Struktur des Wahrnehmens: Man *wird*, was man wahrnimmt, mehr oder weniger. Je weiter man in der Qualität des Wahrnehmens kommt, umso mehr gleicht man sich an.

Für den modernen Menschen bedeutet dieser Schritt in der Selbsterziehung die Pflege des Wortes in beiden Richtungen: in der Wahrnehmungswelt und in der Welt der Bedeutungen. Der Logos *erscheint* im Wahrnehmen als die geschaffene Welt: in dieser Richtung ist die empfangende Aufmerksamkeit zu steigern, zu verselbstständigen, abzulösen von den begleitenden gewöhnlichen Begriffen, die sie herablähmen – so dass die fühlenden, wollenden, lebenden Ideen miteinbezogen werden können. Neuen Ideen gehen wir entgegen, indem wir unsere Aufmerksamkeit in die Richtung der Uroffenbarung zu den Quellen des Denkens hin schulen, damit sie sich stets auf höheren Stufen wandeln kann: aus der intentionalen zur empfangenden, intuitiven Aufmerksamkeit. Auf beiden Wegen ist das *Verstehen* das Ziel und somit die Annäherung des Alltags-Ich an das wahre Ich; im Akt des Verstehens werden sie eins. Das sprachunabhängige, aber nicht abstrakte, sondern über alle Sprachen hinausgehende Denken, das wortlose Wort auf der einen Seite; das fühlende-wollende, nicht bloß begrifflich-nominelle Gliedern der Wahrnehmungswelt auf der anderen Seite – im Akt des höheren Verstehens werden die Pendelschläge der Aufmerksamkeit aus dem Alltags-Ich heraus in die zwei Richtungen miteinander verbunden, ohne nunmehr das Alltags-Ich zu berühren. Das höhere Denken wird mit dem höheren Wahrnehmen vereint.

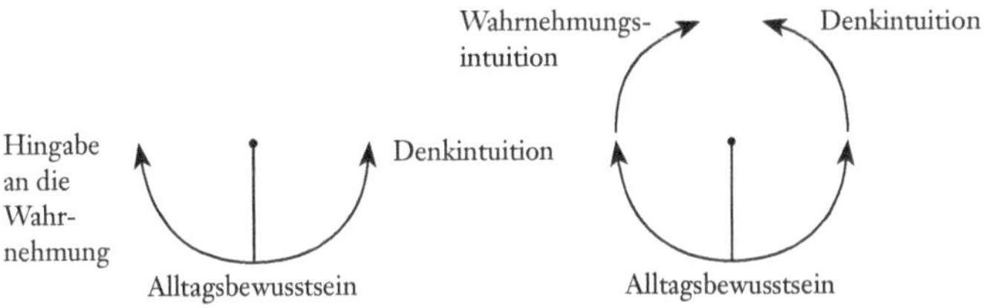

Das ist die Möglichkeit, das Urphänomen zu erblicken, das nicht denkerisch gedeutet werden muss, noch kann, weil es seine «Deutung» enthält (wie die Phänomene der Künste); das ist die Möglichkeit der Erkenntnis der Welt durch die Logosquelle, das heißt ohne Sinnesorgane zu benutzen, aber trotzdem Erkenntnisse über die «Sinneswelt» – nunmehr als Text erfahren – zu erlangen. Diese Wege führen letztlich zur Schaffung der neuen Wirklichkeit, des neuen Himmels, der neuen Erde der Zukunft: Die Welt tritt dann in den achten Schöpfungstag; sein Schöpfer ist der Mensch durch seinen Anfang und in seinem Anfang durch den Logosfunken. Derselbe Weg führt zur Verwirklichung der Selbstbedeutung des Ich, des ewigen Namens des Menschen – er wird zum ewigen Namen durch sein Schaffen.

Durchlässigkeit

Was bei den hierarchischen Wesen unmittelbares Ineinanderleben ist, wird beim Menschen im Pendelschlag der Seelen im Gespräch. Dies ist unter Menschen zweitaktig:

Du sprichst, ich höre (für mich ist das Einatmen) und umgekehrt. So ist auch beim Menschen das Atmen körperlich zweitaktig. Bei den Engelwesen ist nur *ein* Atemzug: Sie *sind* Gottes Atem – ein Ausatmen –, und dieser Atem weht durch sie und wird moduliert durch das Individuelle in ihnen, das selbst auch Gottes Atem ist. Das kann so sein, weil sie im Gegensatz zum Menschen keinen geschlossenen Leib haben, sie bestehen in der Offenheit der Ich-Kräfte, so wie der höhere Mensch, der aber auf Erden mit dem geschlossenen Leibsystem verbunden ist. Da kann Gottes Atem nicht durchfließen. In der geistigen Welt, zwischen Tod und neuer Geburt ist der Mensch gewissermaßen wie die Engelwesen. Da ist ein anderes Atmen wirksam, wenn auch das Sich-Lösen vom Körper und das Sich-Vorbereiten in die nächste Inkarnation das beschriebene eintaktige Atmen modifizieren: «Wir haben hier auf der Erde in Bezug auf die physische Sprache vorzugsweise das Gefühl, dass wir die Worte entwickeln, indem wir ausatmen. Wir haben zwischen dem Tode und einer neuen Geburt die Wahrnehmung, dass die Worte, die im Weltenall ausgebreitet sind und die das Wesen des Weltenalls bedeuten, beim Einatmen unseres Wesens in uns hereinkommen und sich selber als Weltenwort in uns offenbaren. Wir sprechen hier auf der Erde ausatmend, wir sprechen in der geistigen Welt einatmend. Und indem wir mit uns vereinen, was uns der Logos, was uns das Weltenwort sagt, leuchten auf in unserem Wesen die Weltgedanken. Hier mühen wir uns durch unser Nervensystem ab, die Erdgedanken zu hegen, dort saugen wir in uns selbst die Weltgedanken aus der Sprache des Logos, die auftritt, nachdem wir zuerst unser Wesen ausgebreitet haben über das Weltenall.»[90]

Gesang

Der Lobgesang der Engelwesen ist ihr eigenes Sein; sie haben ja nichts, womit sie auf irdische Weise musizieren könnten. Gesang ist kein Pendelschlag, auch das menschliche Singen ist Einbahn-Bewegung, Ausatmen mit einem kurzen, schnellen, womöglich unbemerkbaren Einatmen. Der Lobgesang der Engel besteht darin, dass sie Gottes Atem durchlassen, weitergeben, mit dem individuellen Zutun: Das macht den Gesang. Wenn sie ihn sich stauen lassen, nicht *ganz* weitergeben, werden sie gefallene Engel, die «ihren Anfang verloren haben» (Jud. 1,6). Gesang ist kein Gespräch. Wenn die Gesprächspartner zu singen beginnen, singen sie *eine* Melodie: Frage und Antwort werden eins. Das Auge, durch das Gott dich sieht, ist dasselbe Auge, durch das du ihn siehst – das ist auch im Hinblick auf das Hörbare wahr. Die Eintaktigkeit des göttlichen Seins wird bei Dante durch das Sehen der Engelwesen beschrieben (Paradiso 29,76-81):

> Questa sustanze, poi che fur gioconde
> della faccia di Dio, non volser viso
> da essa, da cui nulla si nasconde;
> però non hanno vedere interciso
> da novo obietto, e però non bisogna
> rememorar per concetto diviso.
> Seitdem des Angesichtes Gottes diese
> Substanzen froh geworden, wandten nie sie
> Den Blick von Selbem, dem kein Ding verhüllt ist.
> Drum wird ihr Schaun von neuen Gegenständen
> Nicht unterbrochen, und nicht des Entsinnens
> Bedarf's für sie ob der Gedanken Trennung.

(Übersetzung von Philalethes)

Gottes Atem ist der Logos: Ihm ist keine Luft notwendig, um das Wort hervorzubringen. Das Einhauchen des Odems in Adam war das Einimpfen des Logosfunkens von oben. Die zweite Beschenkung des Menschen mit dem Logos ist die Fleischwerdung. Damit kann sich der Mensch allmählich auf den Weg begeben, Gesang zu werden, als Fortsetzung von Gottes Atem, dem Logos, den Wind des Geistes in individualisierter Form weiterzuleiten. «So jemand redet, dass er's rede als Gottes Wort; wenn jemand dient, so als aus der Kraft, die Gott ihm darbietet» (1 Petr. 4,11). So ist auch das paulinische Wort zu verstehen: «Ich lebe aber; doch nun nicht ich, sondern der Christus lebt in mir» (Gal. 2,20).

Die neue Gottheit

Die unerhörten Möglichkeiten zur Entwicklung nach oben, die im Zeitalter der menschlichen Mündigkeit freistehen, werden von nicht minder gefährlichen Möglichkeiten des Absturzes nach unten begleitet, eines Absturzes in den Abgrund hinein, den jeder einzelne in sich trägt, der seine Alltagsbewusstseinsebene von der nächsthöheren trennt und der bewohnt ist von den Dämonen des Unterbewussten (die heute weit wissenschaftlichere und dadurch viel harmlosere Namen haben). Um der Gefahr entgegenzuwirken, geschah weit früher schon die letzte Schöpfungstat der Gottheit, die Fleischwerdung; denn das Ausgesetztwerden der Gefahr ist unvermeidlich auf dem Wege zur Freiheit, zum Schöpfertum. Mit der Fleischwerdung aber hat sich das Verhältnis der Götterwelt zur Menschenwelt radikal verändert: Die Gottheit zieht sich zurück, greift nicht in das irdisch-menschliche Geschehen unmittelbar ein (wie es noch in den homerischen Epen dargestellt ist) und sucht auch nicht von sich aus den Menschen auf (wie es noch im Alten Testament geschieht), oder nur ausnahmsweise. Die neue Gottheit *wartet* darauf, dass der Mensch den ersten Schritt zu ihr macht. Selbst dann kann sie aber nur Hilfe, Rat, Führung bieten. Der Mensch hat ja einen Logoskeim in sich.

Diese neue, «moderne» Gottheit wird durch den Kundigen als der Zeitgeist Michael in hochgeistiger Intuition erfahren. Der Name verdient eine Betrachtung, besonders in unserem nominalistischen Zeitalter, in dem der Name für den Menschen kaum etwas Wesentliches bedeutet; wer «Schmid» oder «Müller» heißt, braucht nichts zu tun haben mit Eisen oder Mehl – wie das einst der Fall war. Die Namen wirken höchstens zurück auf ihre Träger, diese passen sich manchmal dem Namen an; das fiel schon dem scharfen Auge eines Laurence Sterne auf: In seinem wunderlichen Roman *Tristram Shandy* befindet sich eine kleine Abhandlung über dieses Thema.

Wortwesen

Legt der Mensch im Tode seinen Anteil an der Natur ab, so wechselt er in eine Daseinsform über, die der der hierarchischen Wesen nahesteht: Es ist dann nichts mehr an ihm, das von seinem Wesen unabhängig ein Dauerndes wäre, wie es auf Erden ist; er ist dann *nur* Wesen, und das heißt: ein Wort, ein Name, identisch mit seinem «Tun», seiner «Aufgabe», seinen «Wandlungen» – alles unzulängliche irdische Worte, hinter welchen durch Meditation der wahre Sinn gesucht werden kann. So heißt es: «Das was der Mensch ausspricht, was in das flüchtige Wort übergeht, das würde zugleich wie ein Sich-selber-Aussprechen des Menschen sein, sein Wesen und zugleich seine Offenbarung – dann haben Sie das, wie sich die Menschen in der Mitte zwischen Tod und neuer Geburt, ihr eigenes Wesen unterscheidend und sich offenbarend, begegnen. Wort begegnet dem Wort, artikuliertes Wort begegnet dem artikulierten Worte, innerlich belebtes Wort begegnet dem innerlich belebten Worte. Aber die Menschen sind ja die Worte, ihr Zusammenklingen ist Zusammenklingen des artikulierten Wortwesens. Da leben die Menschen so, dass Undurchlässigkeit nicht da ist: Da leben die Menschen wirklich miteinander, und es geht das reine Wort, das der eine Mensch ist, in dem anderen Worte, das der andere Mensch ist, auf. Da werden jene schicksalsmäßigen Zusammenhänge gebildet, die dann in der Nachwirkung für das folgende Erdenleben bleiben und die sich so äußern, dass die Menschen, wenn sie sich begegnen, zusammenkommen und gewissermaßen Sympathie und Antipathie fühlen. Dann ist dieses Fühlen der Abglanz dessen, als was sich die Menschen im Geisterlande in der Mitte zwischen Tod und neuer Geburt angesprochen haben. So haben wir miteinander geredet, die wir selber die Rede waren, wie wir uns jetzt auf der Erde nur im schattenhaften Abbilde des Gefühles wiederum finden.»[91]

Wie der Mensch nach dem Tode im Geisterland, so haben auch die Engelwesen nichts außer ihrem Wesen, nichts, das benannt werden könnte. Sie sind *ganz* ihr Wesen, ganz Wort, ganz ihr Name, der nicht etwas anderes, der allein ihr Sein bedeutet, identisch mit ihrer Aufgabe, ihrer Mission, ihrem «Worten», wenn sie in einem Gesicht dem Menschen erscheinen. So *ist* Gabriel identisch mit «seinen Worten» zu Maria in der Szene der Verkündigung, Worten, die in der Intuition der Jungfrau zu menschlichen Worten werden: Er *ist* diese Intuition, ist in seinem Wesen ganz die Botschaft.

Wir müssen die Namen der Engel, der Erzengel ernstnehmen – wenn wir sie nur verstehen würden. Denn die Worte haben für uns ihre ursprüngliche Bedeutung, ihre Urbedeutung eingebüßt; allein die Meditation vermag manchmal in ihren Innenraum, ihr Heiligstes einzudringen und ein Fünkchen Verstehen bewirken. Gabriel: Gottes Held; Raphael: Gott heilt; Uriel: Gottes Licht; Samael: Gott hört; Oriphiel: Licht von Gottes Mund; Azael: Gottes Kraft – wer wagt sich hinter den Wortklang, der durch seine strahlende Oberfläche den Unbewanderten streng abweist? Und der Name des Zeitgeistes, Michael, ist eine Frage: Wer ist wie Gott? – wobei die Copula «ist» nur im Deutschen ausgedrückt wird. Die einzige Gottheit ist er, die, wenn wir von der unsicheren Überlieferung einer Hymne in den Rigveden absehen, eine Frage als Namen trägt. Und eben dieser Name scheint dem Menschen heute am nächsten zu stehen, in seiner Frageform und auch seiner Bedeutung nach.

Frage

Eine Frage bedeutet im Gegensatz zu einer Aussage Durchlässigkeit, Suchen, auf dem Wege sein – im Namen Michael dies alles im Hinblick auf Gott: ein ewiges Suchen sein, das sich auf das höchste Ziel richtet. Man kann einer menschlichen Frage aus dem Wege gehen; nicht aber einer, die ein *Wesen*, ein so mächtiges Wesen ist. Wer *dieser* Frage begegnet, den zwingt sie mit Erzengelmacht, mit Arche-Macht: «Besinne dich!» «Erkenne dich!» Daher ist dieser Wesensname, dieses Namenswesen selbst die Waffe seines «Trägers» – wieder nur unzulänglicher menschlicher Ausdruck – gegen die zwei Widersachermächte, seine Wesensfeinde. Nur im menschlichen, wenngleich imaginativen Bild trägt er Waffen, Speer oder Schwert. Doch zeigen diese Bilder selbst, wie wenig irdisch er sich *dieser* Waffen bedient: Sein Blick ist nie auf den Gegner oder auf die Waffe gerichtet, trotzdem findet und trifft diese mit Sicherheit. Denn sein fragend-suchender Blick, in dem er selbst wie in einem Konzentrat anwesend ist, *der* ist seine Waffe, er selbst ist sie, die Frage, vor der man nicht ausweichen kann. Daher stürzt durch diese Frage durchbohrt der überhebliche Geist, der sich Gott gedünkt hat, aus dem Himmel: Sein Dünkel, seine Verdunkelung ist durchleuchtet. Gegen den Lügnergeist bewährt sich die Frage *Michael* anders: Sie zielt ja auf das *Wort*, den Logos, das Wort, das in der Lüge missbraucht wird. Denn der Logos ist es, der ist wie Gott – «Und Gott war das Wort» (Joh. 1,1) –, daher ist der Logos wie Gott. *Das* ist die Antwort auf die Michael-Frage, seine tiefe Verbundenheit mit dem Logos, und diese Antwort lässt den finsteren Widersacher aus seinem Himmel sinken, der ihm durch das missbrauchte Wort wurde.

Das ist der Sieg Michaels
über das, was im Schweigen nicht schweigt,
über das höhnische Böse;
dass es sich spurlos löse,
ward ihm das Wort gezeigt.[92]

In seinem Namen, der eine Frage ist, bildet der Zeitgeist den aktuell erforderlichen menschlichen Schritt ab. Nie war das Fragen so aktuell, nie auch so möglich, wie es heute ist. Denn die Zeit der Einfalt, wo Urweisheit ohne Frage gegeben worden war, wurde durch die Zeit des Zweifels abgelöst, aus dem nur fragend der Ausweg zu finden ist. Daher heißt es: «Und diejenigen, die ertönen ließen den Ruf nach dem Heiligen Gral, sie wollten ihn schon als in der dumpfen Seele heraufdämmernde Freiheit ertönen lassen. Sie wollten dem Menschen nicht seine Freiheit nehmen, sie wollten ihm nichts aufdrängen, er sollte ein Fragender sein. Er sollte aus den Tiefen seines Seelenwesens heraus nach den Wundern des Grals fragen.»[93] Und weiter: «Aber besonders tief wurde ihnen (den Schülern des Grals) eingeschärft, dass sie zu fragen hatten, dass die Zeit gekommen sei in der Menschheitsentwicklung, in der der Mensch, wenn er nicht fragt, das heißt, wenn er nicht sein Inneres entwickelt, wenn er nicht aus sich heraus den Impuls der Wahrheit sucht, wenn er passiv bleibt, er nicht zu einem Erleben seines Selbstes kommen könne.»[94]

Hinter dem Wort «Gott ist tot» steht die Erfahrung, dass die Gottheit nunmehr schweigt: Sie wird nicht mehr ohne Zutun – ohne Fragen – des Menschen gegeben. *Er* muss dazu anfangen, muss «suchen, bitten, anklopfen»,[95] dann kann die auf *seinen* Schritt, *seinen* Anfang wartende Gottheit, der Zeitgeist Michael, seine Hilfe reichen.

Schweigende Ursprache

Der Verwalter der kosmischen Intelligenz – so charakterisiert ihn Steiner in den Michael-Briefen – ist die «Macht, aus der die Gedanken der Dinge fließen».[96] Es handelt sich um die Dinge der Natur, nicht um die menschengeschaffenen. Die Ideen der Naturphänomene erfasst das Menschenbewusstsein heute nicht, denn sie sind so geschaffen, dass keine Wortsprache sie *ganz* ausdrücken kann. Die «Gedanken» der Naturdinge, ihre wahren Namen, sind in der nicht-lautenden Ursprache «gesagt» worden, in der Sprache der Schöpfung. Jeder Name in einer menschlichen Sprache erfasst nur einen Teil des Urwortes. Die kosmische Intelligenz west oberhalb aller Sprachen, die an ihr doch teil – eben Teil – haben.

Das erklärt, warum der Zeitgeist nun über den Sprachen, den Völkern steht. Es heißt: «Und so ist es bei Michael, dass er eine strenge Abweisung für alles das hat, was auch zum Beispiel das Trennende der menschlichen Sprachen ist. Solange man seine Erkenntnisse in die Sprache nur einhüllt, sie nicht hinaufträgt in den Gedanken, so lange kommt man nicht in die Nähe des Michael … Es ist in der Tat heute nach dieser Richtung hin der lebhafteste Geisteskampf vorhanden, weil über einen großen Teil der Menschheit das ja ausgegossen ist, dass nicht Gedanken vorhanden sind, sondern dass die Menschen in Worten denken. So aber in Worten denken ist kein Weg zu Michael. Zu Michael kommt man nur, wenn man durch die Worte hindurch zu wahren inneren Geist-Erlebnissen kommt, wenn man nicht an den Worten hängt, sondern zu wahren inneren Geist-Erlebnissen kommt. Das ist ja in der Tat das Geheimnis der modernen Einweihung: über die Worte hinauszukommen zum Erleben des Geistigen. Das ist nichts, was gegen die Empfindung der Schönheit der Sprache verstößt. Denn gerade dann, wenn man nicht mehr in der Sprache denkt, dann fängt man an, die Sprache zu empfinden und als Empfindungselement in sich und von sich strömen zu haben.»[97]

Der Zeitgeist lenkt auf seine schweigende Weise der Erwartung das menschliche Streben nach aufwärts, über die Sprachen hinaus, in die Richtung des schöpferischen, «wortlosen Wortes».[98] Dieses liegt, vom Wort einer Sprache aus gesehen, in einer Richtung, welche der des von der Sprache abgelösten *abstrakten* Denkens entgegengesetzt ist.

Reinigung der Himmel

Aus dieser wortlosen – jedoch umso worthafteren – Sphäre wurden die Widersacher auf die «Erde» gestürzt, in die Zone des Alltagsbewusstseins. Man könnte sich über diese Tat betroffen fühlen: Soll der Mensch in seiner Schwäche gegen Mächte ankämpfen, deren Besiegung immerhin einem Michael oblag? Da sollte sich aber die Besinnung ergeben, dass die Macht der Widersacher hier auf Erden immer nur durch Kräfte zur Entfaltung kommen kann, die dem Menschen selbst entwendet sind, durch seine höchsten schöpferischen Kräfte, die von ihm nicht gebraucht, gepflegt, geübt, ja nicht einmal geahnt werden. Weiß der Mensch von dieser Tatsache, dann wird er sich in Freiheit auf den Weg der Bewusstseinsschulung begeben und durch den *ersten Schritt* im Aufwärtssteigen den ersten Himmel des Imaginativen von Michael gereinigt, von den Widersachern befreit vorfinden: In diesem Himmel kann er dann die Weisung des Zeitgeistes entgegennehmen, seine durch Übung geläuterten Kräfte mit Impulsen Michaels vereinigen und dadurch gestärkt «auf Erden» die Gegenmächte unschädlich machen, indem er *seine* eigenen Kräfte ihnen entzieht. Das ist der Sinn des Sturzes der Finsternisgeister, im Interesse der *aufwärts strebenden Menschen*.

Der Mensch kann in seinem Bewusstseinsleben von Begriff zu Begriff, von Gedanke zu Gedanke, von Wort zu Wort schreiten. Das bedeutet, dass ihm in freier, noch nicht gestalteter Form zur Verfügung steht, was in den einzelnen Begriffen, Gedanken, Wörtern schon Gestalt angenommen hat. Sind diese letzteren bildhaft als Gefäße, Vasen, Gläser, Krüge vorzustellen, dann ist des Menschen Fähigkeit, seine frei fließende Intelligenz jeweils in diese Behälterformen hineinzuschenken und wieder herauszugießen.

Ist es aber wirklich *seine* Intelligenz? Er begleitet ja den Punkt der Bestimmung, in dem sich die noch gestaltlose Flüssigkeit in die Formen vergießt, nicht mit seinem Wachbewusstsein. Dieses wacht vielmehr erst auf, wenn die Intelligenz sich schon zu einer Idee, einem durch Worte formulierten Gedanken bestimmt hat; der vorangehende Augenblick bleibt überbewusst. Dieser Übergang ist derselbe wie der Vorgang, wo beim Denken der körperliche Apparat oder Spiegel vom reinen Denken berührt und ergriffen wird, wo die feine Magie vor sich geht, wenn etwas Neues gedacht wird. Dann vernichtet die lebendige Denkkraft auf homöopathische Weise die im Gehirn vorgefundenen Strukturen und drängt das *biologische* Leben im Gehirn zurück.[99] Das ist der Punkt, in dem die trägerlose, in keine «Substanz» geschriebene Form, die reine Konstellation – man müsste sie vielleicht «reine Information» nennen – Träger und Substanz erhält. Die Form jeder Petschaft geht einmal aus einem *rein geistigen Bild-Dasein* in das Messing, das Gold oder eine andere Materie über.

Die reine, wortlose Ideenform und die ihr vorangehende Bestimmung der fließend-lebendigen Intelligenz bleiben gewöhnlich überbewusst; sie sind noch in Michaels Hand. Er ist der Verwalter der kosmischen Intelligenz, und er übergibt sie dem Menschen.

In früheren Epochen wurden die Ideen vom Zeitgeist selber geformt und Auserwählten der Menschheit inspiriert: Diese vermittelten sie an die Menschen weiter. Im Zeitalter der Mündigkeit müssen die Ideen durch den Menschen selbst gestaltet werden, und ein jeder ist im Prinzip auserwählt, die Inspiration durch eigene Arbeit, einen eigenen Schritt nach aufwärts zu empfangen. Denn sie kommt – durch Vermittlungen – nicht mehr ganz bis in das Erdenbewusstsein herunter.

Der unbewachte Weg der kosmischen Intelligenz

Der Augenblick, in welchem die lebendige Intelligenz Gestalt annimmt, indem sie aus dem Verwaltetwerden durch den Zeitgeist in die Verantwortung des Menschen übergeht, ist *unbewacht*. Es würde die Aufgabe des Menschen sein – und er hätte dazu die Möglichkeit –, den Übergang mit Bewusstsein zu verfolgen, zu begleiten; es geschieht jedoch selten. Der unbewachte Augenblick ist es, wo die Intelligenz im Übergang zum Menschen von den Gegenmächten entwendet, verzerrt, durch *unterbewusste* Inspiration in menschenfeindliche, für die Menschheit verderbliche Ideen umgestaltet werden kann und oft auch wird. Die Intelligenz als *Gedankenlicht* noch entgegennehmen zu können, bevor sie zu *Gedanken* wird, wäre, *ist* die Aufgabe des Menschen heute: dass sie aus der Hand Michaels durch das Bewusstsein des Menschen begleitet in seine Hand übergeht. So ist das Schweigen, Warten, das Platz-Bereiten Michaels für das menschliche Geistesstreben zu lesen. Das unaufdringliche Freilassen ist seine mächtige Geistesgebärde: das stille erwartende Aufrufen zum Tun, zum eigenen Beginnen.

Neuer Himmel, neue Erde

Wird die Erscheinung der Idee im menschlichen Bewusstsein als unverzerrte Fortsetzung der lebendigen kosmischen Intelligenz durch den Menschen, der ihr entgegenkommt, bis zum Punkt ihrer Bestimmung gesichert, dann kommt auch die Wurzel der Idee nach oben, das Fühlende und Wollende an ihr, in Resonanz. Das führt den Strebenden zum Denken des Herzens. Wenn der Mensch beginnt, die Naturphänomene nicht als Dinge, die nichts außer sich selbst bedeuten, anzusehen und sie als *Zeichen* zu betrachten, die zu lesen sind, dann beginnt damit auch die Aufhebung, die Transformation des Wirklichkeitsempfindens, das sonst das Wahrnehmen begleitet, in erkennendes lesendes Fühlen und Wollen. Damit fängt eine neue Epoche in der Geschichte der Erde und des Menschen an.

Anmerkungen

1 Joh. 1,14; 1 Tim. 3,16; Kol. 1,22; 1 Joh. 1,1.

2 Dieser Sinn gilt für die angeführten Beispiele und Stellen; an vielen anderen Stellen hat das griechische Wort *sarx* andere Bedeutung, z.B. «Erdenmensch».

3 In dem genannten Sinn wird «Geblüt und Fleisch» in Matth. 16,17 und Gal. 1,16 verwendet.

4 Dargestellt bei Rudolf Steiner zum Beispiel im Kapitel «Die Seele in der Seelenwelt nach dem Tode» des Buches *Theosophie. Einführung in übersinnliche Welterkenntnis und Menschenbestimmung* (1904). GA 9. Dornach [31]1987.

5 1 Kor. 3,9-16 und 6,9; Ephes. 2,20-22; 1 Petr. 2,4-8.

6 Vergleiche dazu Rudolf Steiners Vortrag vom 7. März 1914 in Pforzheim. In: *Vorstufen zum Mysterium von Golgatha*. GA 152. Dornach [2]1980.

7 Vergleiche dazu den Vortrag vom 28. August 1912 in München. In: *Von der Initiation. Von Ewigkeit und Augenblick. Von Geisteslicht und Lebensdunkel.* GA 138. Dornach [4]1986. – Ferner das Achte Bild aus «Der Hüter der Schwelle». In: *Vier Mysteriendramen* (1910-1913). GA 14. Dornach [4]1981.

8 Siehe Matth. 12,31-32; Mark. 3,29; Luk. 12,10.

9 Joh. 14,16-17: «Und ich will den Vater bitten, und er soll euch einen anderen Tröster geben, dass er bei euch bleibe ewiglich, den Geist der Wahrheit, welchen die Welt nicht kann empfangen; denn sie sieht ihn nicht und kennt ihn nicht. Ihr aber kennt ihn; denn er bleibt bei euch und wird in euch sein.» Joh. 14,26: «Aber der Tröster, der heilige Geist, welchen mein Vater senden wird in meinem

Namen, der wird euch alles lehren und euch erinnern alles des, das ich euch gesagt habe.» Siehe auch 15,26; 16,7 und 13.

10 Matth. 1,18 und 20; Luk. 1,35.

11 Matth. 3,16; Mark. 1,8, 10 und 12; Luk. 3,22; Joh. 1,32-33.

12 1 Mos. 41,38; 2 Mos. 31,3 und 35,31; 4 Mos. 11,26 und 29; 5 Mos. 34,9: «Josua aber, der Sohn Nuns, ward erfüllt mit dem Geist der Weisheit; denn Mose hatte seine Hände auf ihn gelegt.» 1 Sam. 10,6; 11,6 und 16,13; Jes. 61,1.

13 Siehe auch Jer. 31,1 und 31; Jes. 44,3; 54,13; 59,21.

14 Selbst der griechische Text ist nicht konsequent in der Verwendung der Worte «Söhne» und «Kinder». Luther dagegen übersetzt fast ausnahmslos «Kinder» beziehungsweise «Kindschaft», wo im Griechischen «Söhne» beziehungsweise «Sohnschaft» steht. Im Griechischen gibt es gar kein Wort für «Kindschaft», wohl aber für «Sohnschaft» (*hüiotesia*).
Im Hinblick auf die Sohnschaft siehe auch die Stellen Matth. 5,9 und 45 sowie 13,38; Luk. 6,35; in Bezug auf die Auferstehung siehe 1 Kor. 15,25-57; 2 Kor. 5,2-5. Johannes deutet in seinem ersten Brief mehrfach auf den Übergang vom Alten zum Neuen Testament hin.

15 Siehe auch das Kapitel «Martyria» in Georg Kühlewind, *Das Gewahrwerden des Logos. Die Wissenschaft des Evangelisten Johannes.* Stuttgart [2]1990.

16 Die Handauflegung wird in der Apostelgeschichte schon 6,6 erwähnt, ohne wörtliche Bezugnahme auf den Geist. Trotzdem scheint es sich um denselben Vorgang zu handeln, allerdings zunächst in einem beschränkten Kreise unter den Christen. Eine ähnliche, vielleicht die gleiche Handlung kommt auch im Alten Testament vor (4 Mos. 27,18 und 5 Mos. 34,9).

17 Joh. 14,16 und 26; 15,26; 16,7; Apg. 9,31.

18 Siehe auch das Kapitel «Der Geist» in Georg Kühlewind, *Das Gewahrwerden des Logos.* Siehe Anm. 15.

19 Aus dem Vorangehenden ist klar, dass in diesem Vers unter «Geist» der *neue* Heilige Geist zu verstehen ist.

20 Die offizielle kirchliche Theologie hält die Geburt Jesu für

die Fleischwerdung. Dem widerspricht unter anderem die Tatsache, dass bis zur Mitte des 4. Jahrhunderts das große christliche Fest nicht Weihnachten, sondern Epiphania war (der 6. Januar). Ohne hier in eine Argumentation einzutreten, sei doch erwähnt, dass nach der Schilderung aller Evangelien die Wirksamkeit des Herrn mit und nach der Jordantaufe beginnt; von den vorangehenden dreißig Jahren des Lebens Jesu vermittelt das Neue Testament sehr wenig.

21 1 Joh. 2,29; 3,7 und 10.

22 Joh. 3,21; 1 Joh. 1,6.

23 Matth. 3,11; Mark. 1,7; Luk. 3,16; Joh. 1,15.

24 Matth. 3,11; Mark. 1,8; Luk. 3,16; Joh. 1,33; Apg. 1,5 und 2,3.

25 Siehe Wilhelm Kelber, *Die Logoslehre. Von Heraklit bis Origenes.* Stuttgart 1976.
Im Neuen Testament: Luk. 12,49; 1 Kor. 3,13; 2 Thess. 1,8; Hebr. 1,7; Jak. 3,6; 1 Petr. 1,7; 2 Petr. 3,7; Off. 1,14; 2,18 und 19,12.

26 Siehe auch das Kapitel «Die Himmelsleiter» in Georg Kühlewind, *Das Licht des Wortes.* Stuttgart 1984.

27 Off. 4,11; 11,19 und 19,11.

28 Luk. 22,10 und 34; Joh. 13,38 und 18,4; Matth. 26,34; Mark. 14,30.

29 Matth. 9,4 und 12,25; Luk. 6,8 und 9,47; Joh. 1, 43,48 und 49; 2,25; 6,64 und 16,30.

30 Siehe auch bei Rudolf Steiner das Kapitel «Von dem Ich-Gefühl und von der Liebefähigkeit der menschlichen Seele und deren Verhältnis zur elementarischen Welt» in *Die Schwelle der geistigen Welt. Aphoristische Ausführungen* (1913). GA 17. Dornach ^{7}1987.

31 Siehe Anm. 15.

32 Vortrag vom 15. April 1923 in Dornach. In: *Was wollte das Goetheanum und was soll die Anthroposophie?* GA 84. Dornach ^{2}1986.

33 Vortrag vom 21. April 1923 in Dornach. Ebenda.

34 Vgl. das Kapitel «Ostern» in Georg Kühlewind, *Die Wahrheit tun.* Stuttgart 2006.

35 Rudolf Steiner, Vortrag vom 16. Januar 1916 in Dornach.

In: *Die geistige Vereinigung der Menschheit durch den Christus-Impuls.* GA 165. Dornach ²1981.

36 Vgl. Rudolf Steiner, Vorträge aus dem Jahr 1914, vom 5. März in Stuttgart, 7. März in Pforzheim und 1. Juni in Basel. In: *Vorstufen zum Mysterium von Golgatha.* GA 152. Dornach ²1980.

37 Siehe das Kapitel «Das Leben» in Georg Kühlewind, *Das Gewahrwerden des Logos.* Siehe Anm. 15.

38 Rudolf Steiner, Vortrag vom 7. März 1914. Siehe Anm. 36.

39 Rudolf Steiner, Vortrag vom 30. August 1915 in Dornach. In: *Zufall, Notwendigkeit und Vorsehung. Imaginative Erkenntnis und Vorgänge nach dem Tode.* GA 163. Dornach ²1986.

40 Auch hier steht im griechischen Text «Söhne Gottes». Luther übersetzt «Kinder Gottes» – er erkennt nicht den wesentlichen Unterschied.

41 2 Mos. 13,21; 16,10 und 19,16; 4 Mos. 10,34 und 14,14; 5 Mos. 1,33; Ps. 105,39.

42 Matth. 17,5; Mark. 9,7; Luk. 9,34.

43 Matth. 24,30 und 16,64; Mark. 13,26 und 14,62; Luk. 21,27.

44 Vgl. Rudolf Steiner, Vortrag vom 1. September 1918 in Dornach. In: *Die Wissenschaft vom Werden des Menschen.* GA 183. Dornach 1967. – Vortrag vom 17. Juli 1921 in Dornach. In: *Menschenwerden, Weltenseele und Weltengeist.* Der Mensch in seinem Zusammenhang mit dem Kosmos. Band V. GA 205. Dornach ²1987. – Vortrag vom 27. November 1921 in Kristiania (Oslo). In: *Nordische und mitteleuropäische Geistimpulse. Das Fest der Erscheinung Christi.* Der Mensch in seinem Zusammenhang mit dem Kosmos. Band IX. GA 209. Dornach ²1982.

45 Mark. 16,14; Luk. 24, 27 und 45; Joh. 20,9.

46 Joh. 15,11; 16,20,22,24 und 17,13.

47 Kapitel «Über die Freude» in Georg Kühlewind, *Weihnachten.* Stuttgart ⁴2010 (falter 3).

48 Rudolf Steiner, Vortrag vom 10. April 1917 in Berlin. In: *Bausteine zu einer Erkenntnis des Mysteriums von Golgatha.* GA 175. Dornach ²1982.

49 Vgl. erstes Kapitel in Georg Kühlewind, *Die Belehrung der Sinne.* Stuttgart 1990.

50 Vgl. Rudolf Steiner, Vortrag vom 13. Januar 1924 in Dornach. In: *Mysterienstätten des Mittelalters. Rosenkreuzertum und modernes Einweihungsprinzip*. GA 233a. Dornach [4]1980.

51 Matth. 12,38-39; Mark. 8,11-12; Luk. 11,29; Joh. 2,18.

52 Gal. 6,15: «Denn in Christo Jesu gilt weder Beschneidung noch unbeschnitten sein etwas, sondern eine neue Schöpfung (oder: Kreatur).»

53 Luther übersetzt: «Die Augen eures Verständnisses»; im griechischen Text steht «eures Herzens» – *kardias hümon*.

54 Vgl. Rudolf Steiner, Kapitel IV,6 «Die physischen und die geistigen Abhängigkeiten der Menschenwesenheit» in *Von Seelenrätseln* (1917). GA 21. Dornach [5]1983.

55 Die Korruption der menschlichen Konstitution hat mit dem Sündenfall begonnen. Dieser ist kein einmaliges Geschehen, sondern vielmehr eine Tendenz, die solange in ihrer schädigenden Wirkung fortbesteht, bis der Mensch selber beginnt, die Richtung der Entwicklung zu ändern – den «Sinn» zu ändern, die Metanoia zu verwirklichen. Das zu tun wird ihm teils gerade durch den Sündenfall ermöglicht, wodurch er selbstständig wird, teils aber durch die Fleischwerdung des Logos, die ihm die Anfangsfähigkeit verleiht.

56 Ähnlich Mark. 7,20-22.

57 Vgl. das Kapitel «Konzentration und Kontemplation» in Georg Kühlewind, *Bewusstseinsstufen*. Stuttgart 1980.

58 Vgl. bei Rudolf Steiner das Kapitel «Ausblicke» in *Vom Menschenrätsel* (1916). GA 20. Dornach [5]1984. – Kapitel «Skizzenhaft dargestellter Ausblick auf eine Anthroposophie» in *Die Rätsel der Philosophie in ihrer Geschichte als Umriss dargestellt* (1914). GA 18. Dornach [9]1985. – *Philosophie und Anthroposophie*. Gesammelte Aufsätze 1904 – 1918. GA 35. Dornach [2]1984. – Kapitel «Das Auftreten der Erkenntnisgrenzen» und «Von der Abstraktheit der Begriffe» in *Von Seelenrätseln*. Siehe Anm. 54. – Vorträge vom 9., 13., 14. und 15. September 1922 in Dornach. In: Die *Philosophie, Kosmologie und Religion in der Anthroposophie* (Französischer Kurs). GA 215. Dornach [2]1980. Dazu

auch die Autoreferate. GA 25. 4. Aufl., 1979. – Vortrag vom 17. Februar 1917 in Berlin. In: *Geist und Stoff, Leben und Tod.* GA 66. Dornach [2]1988. – Vorträge aus dem Jahr 1923, vom 21. und 22. April in Dornach und vom 27. April in Prag. In: *Was wollte das Goetheanum und was soll die Anthroposophie?* Siehe Anm. 32. – Vortrag vom 23. Januar 1914 in Berlin. In: *Der menschliche und der kosmische Gedanke.* GA 151. Dornach [5]1980. – Ferner das Kapitel «Das Grunderlebnis des Geistes» in Georg Kühlewind, *Bewusstseinsstufen.* Siehe Anm. 57.

58a Kapitel «Persönlichkeit und Weltanschauung» in *Goethes Weltanschauung* (1897). GA 6. Dornach [5]1963.

59 Siehe Anm. 54.

60 Vergleiche bei Rudolf Steiner das Kapitel «Anthropologie und Anthroposophie» und «Die physischen und die geistigen Abhängigkeiten der Menschen-Wesenheit» in *Von Seelenrätseln.* Siehe Anm. 54. – Wenn man eine neue Idee kommen fühlt, kann man – bei geübter Aufmerksamkeit – ihr Erscheinen verfolgen: Erst ein willensartiges Regen, dann ein Fühlen am Rande des Bewusstseins, dann eine lebendige Gestaltung, die man bemüht ist in Worte zu fassen. Ist die Formulierung einmal da, so ist die Idee «herabgelähmt», hat ihr Wollen, Fühlen, ihr Leben eingebüßt – ein dem mit ihr Begnadeten oft schmerzhafter Vorgang. Der tote Text wartet auf sein Auferstehen durch den Vernehmenden oder Lesenden.

61 Vgl. erstes Kapitel in Georg Kühlewind, *Das Licht des Wortes.* Stuttgart 1984.

62 Vgl. das Kapitel «Über die Reinheit des Strebens» in Georg Kühlewind, *Die Wahrheit tun.* Siehe Anm. 34. – Von demselben das Kapitel «Die Auflösung der Bewusstseinsgewohnheiten» aus dem Beitrag «Die Schulung der Aufmerksamkeit». In: *Freiheit erüben. Meditation in der Erkenntnispraxis der Anthroposophie.* Stuttgart [2]1991 (Praxis Anthroposophie 5).

63 Matth. 7,7.

64 Siehe die Ausführungen über den Zeitgeist Michael auf S. 97 f.

64a Rudolf Steiner, «Im Anbruch des Michael-Zeitalters» (17. August 1924). In: *Anthroposophische Leitsätze. Der Erkenntnisweg der Anthroposophie. Das Michael-Mysterium.* GA 26. Dornach [9]1989.

65 Rudolf Steiner, «Die menschliche Seelenverfassung vor dem Anbruch des Michael-Zeitalters» (31. August 1924). Ebenda.

66 Das griechische Wort *kolasis*, das gewöhnlich als «Pein» übersetzt wird, stammt aus dem Verb «kolazzo», womit ursprünglich das Abschneiden der überflüssigen Teile von Bäumen und Pflanzen gemeint war. Im übertragenen Sinne bedeutet das Wort «strafen, züchtigen», somit auch «Pein».

67 Über die Begriffe «Aletheia» und «Charis» vergleiche das entsprechende Kapitel in Georg Kühlewind, *Das Gewahrwerden des Logos*. Siehe Anm. 15.

68 Vgl. das Kapitel «Die zwei Bewusstseinsstufen in der ‹Philosophie der Freiheit›» in Georg Kühlewind, *Bewusstseinsstufen.* Siehe Anm. 57. – Ferner bei Rudolf Steiner die Vorträge vom 21. und 22. April 1923 in Dornach und vom 27. April 1923 in Prag. In: *Was wollte das Goetheanum und was soll die Anthroposophie?* Siehe Anm. 32. – Ferner das Kapitel «Ausblicke» in *Vom Menschenrätsel.* Siehe Anm. 58.

69 Joh. 3,21; 1 Joh. 1,6; Eph. 4,15 (als Textvariante siehe Nestle S. 495).

70 Joh. 18,37; 1 Joh. 3,19.

71 Off. 2,4; 1 Joh. 3,19.

72 1 Joh. 1,5 und 4,16-17.

73 Joh. 14,23-24; 1 Joh. 2,5.

74 Joh. 8,51.

75 Nr. 117 in H. Diels, *Fragmente der Vorsokratiker.* Herausgegeben von W. Kranz. 6. Aufl. 1951/52.

76 1 Joh. 4,18; 2,5 und 4,16-17.

77 Matth. 5,39.

78 Matth. 5,48.

79 Matth. 19,21.

80 Off. 21,6 und 22,13.

81 Vgl. Rudolf Steiner, Kapitel «Ausblicke» in *Vom Menschenrätsel*. Siehe Anm. 58.
82 Siehe Anm. 30.
83 Der Wortgebrauch in der Bibel ist, wie in jedem lebendigen Text, nie eindeutig, nie «konsequent». Ob ein Wort, zum Beispiel «Logos» oder «Arche», in seiner tiefsten Bedeutungsschicht oder einfach alltäglich verwendet wird, muss von Stelle zu Stelle abgetastet werden. Oft ist der Sinn auf mehreren Ebenen zu verstehen; das gibt dem Text sein eigentümliches Schillern. An den tiefsinnigsten Stellen werden die Worte in ihrer Urbedeutung benutzt, die jede einzelne Anwendung ermöglicht und deswegen nicht «erklärbar» oder definierbar ist; sie entspricht der unreduzierbaren Urintuition des entsprechenden Wortes.
84 Siehe Anm. 47.
85 Rudolf Steiner, Zusatz zu Kapitel XII der *Philosophie der Freiheit*. GA 4. Dornach [15]1987.
86 «Initiale» aus Rainer Maria Rilke, *Buch der Bilder*.
87 «Jetzt reifen schon die roten Berberitzen» aus Rainer Maria Rilke, *Das Stundenbuch* (Von der Pilgerschaft).
88 Friedrich Hölderlin, «Friedensfeier». – Dazu auch das Kapitel «… und Friede auf Erden …» in Georg Kühlewind, *Weihnachten*. Siehe Anm. 47.
89 Rainer Maria Rilke, *Werke*. Auswahl in 2 Bänden. Insel Verlag 1957. Nachlese aus den Gedichten, S. 316.
90 Rudolf Steiner, Vortrag vom 26. November 1922 in Dornach. In: *Das Verhältnis der Sternenwelt zum Menschen und des Menschen zur Sternenwelt*. Die geistige Kommunion der Menschheit. GA 219. Dornach [5]1984.
91 Rudolf Steiner, Vortrag vom 14. November 1923 in Den Haag. In: *Der übersinnliche Mensch, anthroposophisch erfasst*. GA 231. Dornach [3]1982. – Ferner Vortrag vom 26. Oktober 1908 in Berlin. In: *Geisteswissenschaftliche Menschenkunde*. GA 107. Dornach [5]1988. Und Vortrag vom 9. September 1922 in Dornach. Siehe Anm. 58.
92 Siehe Anm. 89, S. 340.
93 Rudolf Steiner, Vortrag vom 16. April 1921 in Dornach. In: *Perspektiven der Menschheitsentwickelung*. Der Mensch in sei-

nem Zusammenhang mit dem Kosmos. Band IV. GA 204. Dornach 1979.

94 Rudolf Steiner, Vortrag vom 17. April 1921 in Dornach. Ebenda.

95 Matth. 7,7.

96 Rudolf Steiner, siehe Anm. 64a.

97 Rudolf Steiner, siehe Anm. 50. – Ferner die Vorträge vom 5. und 6. Mai 1918 in München. In: *Kunst und Kunsterkenntnis. Grundlagen einer neuen Ästhetik*. GA 271. Dornach [3]1985. – Aufsatz «Sprache und Sprachgeist» (23. Juli 1922). In: *Der Goetheanumgedanke inmitten der Kulturkrisis der Gegenwart.* Gesammelte Aufsätze aus der Wochenschrift «Das Goetheanum» 1921 – 1925. GA 36. Dornach 1961.

98 Rudolf Steiner, Vortrag vom 1. Oktober 1920 in Dornach. In: *Grenzen der Naturerkenntnis.* GA 322. Dornach [5]1981. – Vorträge vom 4. und 5. Juni 1912 in Kristiania (Oslo). In: *Der Mensch im Lichte von Okkultismus, Theosophie und Philosophie*. GA 137. Dornach [4]1973.

99 Vgl. bei Rudolf Steiner das Kapitel «Die Idee der Freiheit» und Zusatz zu Kapitel XII der *Philosophie der Freiheit*. Siehe Anm. 85.

Nachwort

Nahe der Schwelle

Zu Beginn des vorliegenden Buches, das in engem Zusammenhang mit dem gleichzeitig wieder neu aufgelegten *Das Reich Gottes* steht, weist Georg Kühlewind auf den bedeutsamen Tatbestand hin, dass die im Neuen Testament mehrfach erwähnte «Nähe» des Reiches Gottes («Das Reich der Himmel ist nahe herbei gekommen.» Matth. 3,1) keine zeitliche Nähe bedeutet, sondern eine Nähe, die in unserem Bewusstsein zu finden ist. Dieses Bewusstsein ist sowohl nach oben wie nach unten von den übersinnlichen Reichen des Über- und Unterbewussten solange abgetrennt, als es sich diese Bereiche nicht zum Bewusstsein bringen.

Zu dieser Erweckung bedarf es der «Erneuerung des Geistes», das heißt der Erweckung des Logosfunkens, der sich durch die «Fleischwerdung des Wortes» in jeder Menschenseele auffinden lässt. Warum aber bedarf der Heilige Geist der «Erneuerung»? Ist er nicht von sich aus stets ein neuer?

Der Weg über die Schwelle des Bewusstseins ist dadurch gefährdet, dass wir uns dabei nicht nur den Kräften des Überbewussten, den schöpferischen Kräften des Logos nähern bzw. diese in uns realisieren können, sondern auch den zerstörerischen Kräften des Unbewussten. Die Erneuerung des Heiligen Geistes findet dadurch statt, dass wir diese Kräfte nicht unverwandelt, sondern erneuert in uns realisieren.

Die Fleischwerdung des Logos, wie sie in dem von Kühlewind immer wieder zitierten 14. Vers des Johannes-Prologs beschrieben ist, hat eben diesen Hintergrund. Der Prolog des Johannes spricht ja den Widerspruch zwischen den Kräften des Überbewusstseins und den ihnen widerstrebenden Kräften des Unterbewussten an. Kühlewind macht in diesem Zusammenhang auf die dem 14. Vers vorangehenden Verse 11 bis 13 aufmerksam, in denen es ja heißt: «Er kam in sein Eigentum; und die Seinen nahmen ihn nicht auf. Wie viele ihn aber aufnahmen, denen gab er die Macht, Gottes Kinder zu werden, die an seinen Namen glauben; welche nicht von dem Geblüt noch von dem Willen des Fleisches noch von dem Willen eines Mannes, sondern von Gott geboren sind.»

In diesen Versen drückt sich eben die Spannung zwischen den Kräften des Unterbewussten und des Überbewussten aus. Denn: «Die Seinen nahmen ihn nicht auf. Wie viele ihn aber aufnahmen» will ja besagen, dass es dem Menschen sowohl möglich ist, das Wort nicht aufzunehmen, indem er aus dem «Geblüt, dem «Willen des Mannes» oder des «Fleisches» heraus handelt, als auch das Wort aufzunehmen, indem er aus Gott heraus handelt, das heißt aus der Kraft des lebendigen Logos, die eben die Erneuerung des Heiligen Geistes darstellt bzw. durch diese bewirkt wird. Geschieht diese Erneuerung nicht, dann wirken nur die «alten» Kräfte, die nicht erneuerten Kräfte des Geistigen, die Kräfte des Unterbewussten.

Zum Abschluss noch ein Hinweis zu den verschiedenen Textausgaben und Übersetzungen des Neuen Testamentes. Georg Kühlewind hat überwiegend die ältere Luther-Übersetzung genutzt, gelegentlich auch die Zürcher Bibel. Diese älteren Übersetzungen bieten den Vorteil, dass sie nicht versuchen, die Sprache des Neuen Testamentes an unsere heutige Alltagssprache allzu sehr anzupassen.

Selbstverständlich gibt es auch andere Bibelübersetzungen, die versucht haben, dem Original möglichst treu zu bleiben, so etwa die Schlachter-Bibel oder auch die Elberfelder Übersetzung. Georg Kühlewind bevorzugte dennoch die alte Luther-Übersetzung und die Zürcher Bibel, weil diese, bei aller Treue zum Original, in besonderer Weise sprachschöpferisch gestaltet sind und daher die Schönheit der deutschen Sprache zur Geltung kommen lassen.* Wobei auch zu berücksichtigen ist, dass er die griechische Originalsprache des Neuen Testamentes sehr gut beherrschte.

Andreas Neider

* Die Übersetzung des Neuen Testamentes von Emil Bock hat Georg Kühlewind in seinen Büchern wohl deshalb nicht benutzt, weil ihn die Übersetzung und die in ihr enthaltenen Interpretationen sprachlich nicht überzeugten; so jedenfalls äußerte er sich andeutungsweise auf Nachfragen von Teilnehmern seiner Seminare.

Georg Kühlewind wurde am 6. März 1924 in Budapest geboren. Mit etwa 40 Jahren hat er sich entschlossen, von vorne anzufangen und den geistigen Schulungsweg neu aufzubauen. Mit 55 ließ er sich von seinem Lehrstuhl für Physikalische Chemie an der TU Budapest pensionieren und widmete sich seither ausschließlich der Geistesforschung. Er hat über 20 Bücher geschrieben und weltweit unzählige Vorträge und Seminare gehalten zu Themen wie der Bewusstseinsschulung, der Psychologie, der Pädagogik, der Sprachwissenschaft und der Christologie. Georg Kühlewind ist am 15. Januar 2006 gestorben.

Georg Kühlewind

Licht und Leere

Das letzte Notizheft und ein Fragment
255 Seiten, gebunden mit Schutzumschlag

Dieses Buch führt den Leser in die Werkstatt Georg Kühlewinds. Neben einem Fragment seines vielfach erwarteten Buches über das leere Bewusstsein enthält es das komplette letzte Notizheft über das Thema, in Form von Meditationen oder wegweisenden Zitaten. Eine einzigartige Quelle, die dazu einlädt, sich selbstständig auf den Weg zu machen.

Verlag Freies Geistesleben